私をリーダーに導いた250冊

朝日新聞出版 編

LEADERS
AS
READER

朝日新聞出版

私をリーダーに導いた250冊

目次

第一章 さらなる高みを目指す

065 経営において大切にしたい「人の力」を本で再確認
森ビル 代表取締役社長
辻 慎吾

070 読書の妙味は仕事と同じ。自分にない価値観との出会い
テルモ 顧問
中尾浩治

075 先人の時を超えた教えに、人の道、経営の道を学ぶ
中外製薬 代表取締役会長兼CEO
永山 治

080 本は友。新聞を開いても、つい出版広告に目が行く
阪急交通社 代表取締役会長
生井一郎

085 読書せずして成長はない
住友理工 代表取締役会長兼CEO
西村義明

090 変化を読めとの指摘を肝に銘じる
三井住友海上火災保険 取締役社長
原 典之

095 税制を自分の問題とするために
青山学院大学 学長
三木義一

100 先達と対話し、魂を磨き込む
日本プロサッカーリーグ チェアマン
村井 満

105 いろいろ読むほど先入観から解放される
日本医師会 会長
横倉義武

110 本を通して自らに問い掛ける、「信託」に足る人間とは……
三菱UFJ信託銀行 取締役会長
若林辰雄

《第2章 新たな道を拓く》

116 和の文化、和の心を本に求めて
ビームス 代表取締役社長
設楽 洋

深まる西欧文化への興味。読むと答えが見えてくる
鈴木幸一
インターネットイニシアティブ 代表取締役会長兼CEO
121

本に浸った日々が経営のよりどころに
高岡本州
エアウィーヴ 代表取締役会長
126

本は心と経営のビタミン剤
田中 仁
ジェイアイエヌ 代表取締役社長
131

読書で情熱の行き場が見えた
藤田和芳
大地を守る会 代表取締役社長
136

若い人たちに薦めたい、世界や歴史を見渡す書
宮内義彦
オリックス シニア・チェアマン
141

第3章 伝統をつなぐ

歴史に育まれた思想を読み、思考を深めて目を養う
潮田洋一郎
LIXILグループ 取締役会議長
148

青春の輝きも老いの輝きも本から
大嶽昌宏
小糸製作所 代表取締役会長兼CEO
153

読みながら考え、考えながら読む
大村禎史
西松屋チェーン 代表取締役社長
158

行き先を示す経営の指南書
小林一俊
コーセー 代表取締役社長
163

時代も東西も超えて普遍な心の在り方を書物から学ぶ
鈴木 喬
エステー 取締役会議長兼代表執行役会長
168

偏りなく読み、独自の道を探る
髙松富也
ダイドードリンコ 代表取締役社長
173

178
谷田千里
タニタ 代表取締役社長
読書が人とのつながりの起点に

183
西村隆治
沢の鶴 代表取締役社長
「文化」「悟り」「人を残す」。我がテーマを本に求めて

188
野渡和義
ユースキン製薬 代表取締役社長
漢字好きから始まった読書熱

193
服部真二
セイコーホールディングス 代表取締役会長兼グループCEO
多くのヒントをくれる人物伝

198
茂木友三郎
キッコーマン 取締役名誉会長
異文化への理解と適応力を個人も国も持つべき時代へ

203
森田隼人
シャボン玉石けん 代表取締役社長
我が社を救った先代の著書

208
渡辺孝雄
トーヨーキッチンスタイル 代表取締役社長
本の感動は行動する力や人生の指針を与えるもの

第4章 《国境を越える》

214
飯島彰己
三井物産 代表取締役会長
読むたびに新たな扉を開く名著は読者を映し出す鏡

219
黒坂登志明
ポルシェ ジャパン 会長
アイデンティティーもビジネススキルも本から

224
小池利和
ブラザー工業 代表取締役社長
読書を通じてかみしめる、人生の大事な価値観

229
斎藤 徹
アウディ ジャパン 代表取締役社長
読書を通じて駐在国の理解を深めた

キャリアの節目に本があった
杉原博茂
日本オラクル 取締役 代表執行役社長兼CEO
234

年月を経て、本の進化に気付く妙味
角田秋生
公文教育研究会 相談役
239

好きな作家を「追っかけ読み」
橋本和宏
日本スターウッド・ホテル 代表取締役
244

世界が相手だからこそ知っておきたい自国のこと
畑中好彦
アステラス製薬 代表取締役社長兼CEO
249

過去を捨て、変化を恐れぬ挑戦を触発してくれた本
樋口泰行
日本マイクロソフト 執行役員会長
254

良書を通して自らをチェック
ベルント・ウェーバー
シバントス 代表取締役社長
259

第5章 こんな時読みたいブックリスト

リーダーの神髄について学ぶ本……264
組織マネジメントの極意を知る本……266
歴史上の偉人からリーダーの在り方を学ぶ本……268
駆け出し時代に読んでおきたい本……270
仕事と向き合う姿勢を考える本……272
複眼的な視点を磨いてくれる本……274
心を奮い立たせてくれる本……276
苦悩した時に支えてくれる本……278
生き方に示唆を与えてくれる本……280
これからの日本を考えるための本……282
グローバルな視点を与えてくれる本……284
科学や地球環境について見識を深める本……286

※本書は2009年１月25日〜16年９月27日に「朝日新聞」の広告特集として掲載された連載「リーダーたちの本棚」から50回分を加筆修正して収録したものです。新聞掲載日は各リーダーの最後のページに記載してあります。
※各リーダーのページ冒頭及び目次に記載した会社名（大学名、団体名）、役職名は2016年９月現在のものです。プロフィルもこれに準じます。

企画編集協力
——朝日新聞社メディアビジネス局

装幀デザイン
——細山田光宣＋松本 歩（細山田デザイン事務所）

第1章

さらなる高みを目指す

AKIRA ICHIKAWA

住友林業
代表取締役社長

市川 晃

世代や時代を超えながら、人の思いをつないでいく本

利と欲を分けた商人の矜持《きょうじ》

私が本を好きになったのは10歳の時、**『少年少女世界の名作文学』**（川端康成ほか監修、小学館）という全集を母が与えてくれたことがきっかけでした。川端康成《かわばたやすなり》さんらが監修されたその内容は多彩で、シャーロック・ホームズ（コナン・ドイル著）や**『宝島』**（R・L・スティーヴンスン著）に胸を躍らせ、また**『車輪の下』**（ヘルマン・ヘッセ著）のような文芸作品にも触れることができました。母には今も感謝して

います。

書物の魅力は自分のペースで読み進められて、手に取るだけで楽しいことです。例えば私が愛着を寄せた子ども向けの全集は国ごとに作品が編集されていて、各国の名画や街の写真をあしらった装丁に想像力をかき立てられたものです。また、自分の子どもたちにも読ませ、後年シアトルに赴任した時には、全50巻を残らず持っていき、子どもたちが成長した後は、ベルビューという隣町の図書館に寄贈しました。アメリカに住むお子さんたちに読んでもらえれば、古い本が新たな感動とともに生き続けると考えたからです。

最初に紹介する本は、司馬遼太郎《しばりょうたろう》さんが江戸時代の廻船《かいせん》商人、高田屋嘉兵衛《たかだやかへえ》の生涯を描いた**『菜の花の沖』**です。本作には鎖国によって独自の発展を遂げた日本の船を軸に、商品経済の動きや海運で結ばれた地方の様子が生き生きと描かれています。自分が江戸時代の商人になったような気分にさせられる本ですね。択捉《えとろふ》航路を開いた嘉兵衛の業績のみならず、全国から集めた木材を適材適所で用いた和船の造船術や、海上とは対照的な日本の村社会の排他性など、司馬作品特有の情報量の多さにも圧倒されました。

この物語の嘉兵衛は商人として当然の「利」は追求しても「欲」は一切ない人物です。日本を囲む大海に広い視野をもって臨み、私欲よりも社会のために尽くす道を選びました。だからこそ船乗りたちは彼に命を預け、自分を捕らえたロシアの人々の信用も得たのだと思います。

改革者・上杉鷹山《うえすぎようざん》の高邁《こうまい》な理想と柔軟性

次の本は童門冬二《どうもんふゆじ》さんの**『全一冊　小説　上杉鷹山』**。17歳で米沢藩の藩主となり、窮乏した藩政を立て直した鷹山の史実に基づく物語です。確固とした理想とポリシーを持ち、現場をよく見て的確な手を打った彼の言動を通じ、改革を成し遂げるには何が必要かが描かれています。鷹山は議論を白か黒かに単純化せず、幅広く選択肢を求めた上で最善策を取りました。侍にとって「経済＝米」だった時代に特産品の振興に注力したのはその一例です。

しかし鷹山が藩主の座を息子に譲ると改革は後退し、藩は成長を持続できませんでした。一人の高徳な人物に頼った仕組みの限界が、そこにはあります。

ところで鷹山は小藩から名門上杉家が迎えた養子です。伝統に縛られた藩の問題点が、彼には見えたのでしょう。海外勤務が長かった私も、日本人の感覚で物を見る危うさを実感する機会が多々ありました。理想を追い掛けるには現実を直視することが必要で、その手掛かりになったのが会田雄次《あいだゆうじ》さんの著作です。

中でも、日本人が不得意とされる意思決定の能力について説く**『決断の条件』**は、最近再読し改めて感銘を受けました。会田さんは現実をずばり看破する語り口が魅力ですが、本書はマキャベリや韓非《かんぴ》など先人の言葉に解説を加える形で書かれ、親しみやすい一冊だと思います。

社会に責任ある企業としてできることを考え、行う

次は少し趣を変えて、遠藤周作《えんどうしゅうさく》さんの**『深い河（ディープ・リバー）』**を選びました。私は宗教的なことはよく分かりませんが、生きるということを深く考えさせられる小説です。この小説にはそれぞれの思いを胸にインドへと旅する人間たちが登場しますが、中でもがんで妻を亡くし、初めて妻への深い愛情を自覚する磯部という初老の男のエピソードはあまりに切ないものです。何げない夫婦の日常の中に、多分互いに気付かぬままの感情がたくさんあり、そんな心の深淵《しんえん》が時折のぞくのが人生なのかもしれません。

最後はトーマス・フリードマンさんの**『グリーン革命』**です。世界の枠組みの転換を示した前作**『フラット化する世界――経済の大転換と人間の未来』**（日本経済新聞出版社）も興味深い本でしたが、本書も細かな取材を積み重ね、地球温暖化など人類が直面している問題を深く考察しています。

特に私が心を動かされたのは、１９９２年の地球サミットにおける12歳の少女のスピーチです。彼女は、大人たちの行いが私たちを悲しませていると語りかけ、「何を言うかではなく、何をやるかがおまえを決める」という父親に言われた言葉をそのまま世界に投げかけます。責任ある大人、企業として何をすべきか。できることを考え、行動する時です。

『菜の花の沖』
(文藝春秋)
司馬遼太郎・著

司馬遼太郎は最も好きな作家。淡路島の貧家から身を起こし廻船商人として大成。ロシアの軍艦艦長ゴローニンの日本での抑留という緊張状態の中、ロシアに幽閉されながらも彼の解放に尽力した高田屋嘉兵衛の数奇な運命。

『全一冊 小説 上杉鷹山』
(集英社)
童門冬二・著

17歳で米沢藩の藩主になり、放漫な財政と硬直した組織の改革に邁進した上杉治憲（鷹山）。高邁な理想家であると同時に、藩内の「冷メシ組」を大胆に登用するなど人使いにも長(た)けた稀有(けう)な経世家の生涯を描く。

『決断の条件』
(新潮社)
会田雄次・著

冷静な現実把握の下に、真の決断、意思決定を行える能力とはいかなるものか。日本人の「優柔不断さ」に民族的、歴史的背景から鋭く切り込み、マキャベリ、韓非、孫子など先達の言葉を引きながら説いた会田雄次の70年代中頃の著作。

『深い河(ディープ・リバー)』
(講談社)
遠藤周作・著

それぞれの運命に導かれるように、人生の意味を求めてインドへと向かう5人。「最後に彼らが辿（たど）り着くガンジス川が、全ての思いを抱え込みながら流れていくさまが自分の心の中にあるように感じられました」と語る。

『グリーン革命
増補改訂版』上・下巻
(日本経済新聞出版社)
トーマス・フリードマン・著
伏見威蕃・訳

地球温暖化、ミドルクラスの急増による世界のフラット化、人口過密化といった世界の変化を見据え、21世紀のイニシアチブを握るグリーン産業の可能性を日本の先進環境企業の取材を交えて考察する。

いちかわ・あきら　1954年生まれ。78年関西学院大学経済学部卒業後、住友林業入社。96年営業本部営業部シアトル出張所長。2001年営業本部海外事業部副部長。02年営業本部国際事業部長。05年住宅本部住宅管理部長。07年執行役員経営企画部長。08年取締役常務執行役員。10年4月1日住友林業代表取締役社長に就任。

(2010年10月25日掲載　構成・松身茂　撮影・星野章)

LEADERS AS READER

MASATOSHI ITO

味の素
代表取締役会長

伊藤雅俊

食べることは生きること、命ある幸せを味わうこと

「私」とは私が食べたものの結果

私の読書スタイルは、数冊を同時並行で読み進める「つまみ読み」です。経済書やビジネス書は書斎でメモを脇に置いて読み、小説の類は布団に寝そべり、枕元に積んだ中から気の向く本を読みます。それと私は雑誌が大好きで、女性ファッション誌にも目を通します。雑誌にはウインドーショッピングと同じような、時代を切り取る感覚があり、おかげで妻へのプレゼント選びは今も百発百中です（笑）。

最初にご紹介するのは、**『ヒトは食べられて進化した』**という、衝撃的な題名の本です。私たちは人類の進化の要因として、狩猟行動に重きを置いてきました。ところが７００万年以上と言われるヒト科の歴史の中で、狩猟具を使い始めたのは40万年前程度だそうです。この本は、人類は捕食者たちから生き延びるために進化したという斬新な仮説を展開しています。

例えば、集団で生活する。相手を威嚇する時は背筋を伸ばす。視界の開けた景色に安らぎを感じる。仲間との意思疎通を大事にする。このような私たちの日常的な習性が、「食べられないため」に生まれたものだとすれば興味深いことです。ともすると現代人は、ヒトは生まれながらにして偉大で、自然の命は全て食料であるかのように考えます。しかし現代の生活様式は極めて近年に発達したもので、途上国には人が狩られる野生の脅威が今もあります。狩られる存在だった人間が、身体や知性をどう進化させて種を守ってきたかを考えることは、人間の本質に新たな側面から迫る意義あることだと思います。

次に挙げるのは、分子生物学者として著名な福岡伸一《ふくおかしんいち》氏の**『動的平衡』**です。イギリスには、“You are what you eat.”（あなたはあなたの食べたものの結果である）ということわざがあります。私はこれを動物の生態行動研究の権威でオックスフォード大学ジーザスカレッジ学長を務めるジョン・クレブスさんの講演で聞き、強く引かれました。このことわざは本書でも引用され、福岡氏は「私たちの身体は、（略）それを構成するものは元をたどると食物に由来する元素なのだ」と記しています。

人間の身体は60兆個もの細胞で構成され、本書によればそれらの中身は常に新しい分子に置き換えられているそうです。私たちが摂取したたんぱく質はアミノ酸にまで分解され、細胞に運ばれた後、新たに、たんぱく質に再合成される。その一方で細胞は自分自身のたんぱく質を分解して捨てる。つまり、生命は合成と分解との平衡状態を保つことで状態を安定させていて、それゆえに私たちは食べ続けなければならないという、福岡氏の考え方に共感しました。外見に大きな変化はなくても、内部では創造と破壊を繰り返すことで環境に順応し、サステナブルでいられる。生命の仕組みは、企業や社会の在り方にとっても教訓となるのではないでしょうか。

家族と囲む食卓にある日常のおいしさが幸せ

ところで食の楽しみにまつわる本では、開高健《かいこうたけし》や池波正太郎《いけなみしょうたろう》の著作が私は大好きです。食の極みに迫ろうとする開高さんの筆力には読むたびに圧倒されますし、池波さんの時代小説などに登場する料理はいかにもおいしそうで、私もお二方が愛した銀座・日本橋周辺の店を訪れます。ただ、これは食に限らないことですが、幸せは特別な贅沢《ぜいたく》ではなく、日常にある時間の中に見付けられる気がします。

そんな幸せを気づかせてくれる大切な一冊として、私が昔から愛着を持っているのが橘曙覧《たちばなあけみ》の連作短歌**『独楽吟』**です。全52首から成る連作は、全て「たのしみは」で始まることで知られています。好きな歌を思い付くまま挙げますと、「たのしみは　朝おきいでて　昨日まで　無かりし花の　咲ける見る時」。新しい季節の訪れに幸せを感じる、誰もが共感できる歌です。もう一首挙げれば、「たのしみは　めこむつまじく　うちつどひ　かしら並べて　物をくふ時」。食べているものが何かではなく、家族が一緒に食卓を囲むことの喜び。本当の「おいしさ」がそこから伝わってきます。こういった瞬間を私たちは「ささやかな幸せ」と呼びますが、決してささやかではなく、人生で一番大切な幸せのように私には思えます。

専門性を高めながら消費者目線を忘れず

経営者としての信条は、ドラッカーの「経営とは平凡な人が集まり、組織となって非凡な成果を導き出すこと」です。つまり、それぞれの組織やグループ企業の専門性を高めながら、それらに常に消費者に近い感覚を持たせて束ねることだと考えています。それと現在の経営は、100人中全てのお客様の声が届いてから動いても遅すぎます。100人中1人とは言いませんが、社員一人ひとりが3人のお客様がおっしゃったことから100人のニーズを推察できるようになることが必要です。

感銘を受けた経営書は、80年代後半に世界的な話題となった、盛田昭夫《もりたあきお》氏の**『MADE IN JAPAN ―― わが体験的国際戦略』**です。この本からはソニーという企業が連帯責任や協調精神を重視する日本的な家族経営の良さを残しながら、グローバル企業に成長したことが分かります。事業にとって大切なのは、利益だけでなくその事業が影響を与える人の数の多さ。盛田さんの言動からはそんな熱い思いが伝わり、経営者として改めて新鮮な感慨を受けました。

『ビジネスマンの父より息子への30通の手紙』(城山三郎訳、新潮社)の著者キングスレイ・ウォードは、読書の価値とは、他人の経験を読むことで自分の経験を大きく広げられることだと説いています。この本はかつて父から贈られたもの。息子が社会人になった時、譲りたいと思っています。

『ヒトは食べられて進化した』
(化学同人)
ドナ・ハート、
ロバート・W・サスマン・著
伊藤伸子・訳

人間の集団生活やコミュニケーションの特徴、二足歩行への進化などを、野生霊長類の研究者・専門家である著者が「狩猟されるヒト」という視点から化石証拠などをもとに考証。

『動的平衡』
(木楽舎)
福岡伸一・著

「生命現象は絶え間ない分子の交換の上に成り立つ『流れ』」と説く著者が、記憶、消化、病原体などをテーマに生命とは何かに迫るエッセー集。生命を機械のように捉える遺伝子工学や最先端医学に警鐘を鳴らす。

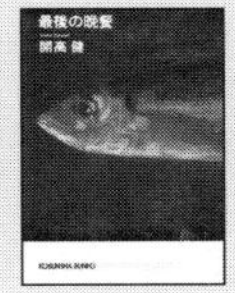

『最後の晩餐』
(光文社)
開高健・著

古今東西の宮廷料理から究極の内臓料理、文学の中の食、そして食人の風習まで。どんな美味に出会っても「『筆舌に尽くせない』などと投げてはならぬ」という言葉の職人の熱情がみなぎる食の大全的エッセー集。

『橘曙覧 独楽吟』
(グラフ社)
岡本信弘・編
〈絶版〉

幕末の福井で清貧の生涯を送った、歌人で国学者の橘曙覧の代表的な連作短歌。日常生活の機微を素朴な言葉で歌う。94年の天皇皇后両陛下ご訪米の際、歓迎スピーチでクリントン大統領がその一首を引用した。

『MADE IN JAPAN
――わが体験的国際戦略』
(朝日新聞出版)
盛田昭夫、下村満子、
E・ラインゴールド・著
下村満子・訳

日本企業の躍進とともに経済摩擦が激化した80年代後半、盛田昭夫氏がソニーの海外進出体験を通じて、日米の経営思想の違いを明らかにしながら両国の相互理解の道を示す。

いとう・まさとし　1947年生まれ。71年3月慶應義塾大学経済学部卒業、同年4月味の素入社。99年6月同社取締役。2003年4月味の素冷凍食品社長、05年4月味の素常務執行役員、同社食品カンパニーバイスプレジデント兼同カンパニーマーケティング企画部長。05年6月味の素専務執行役員、同社代表取締役。06年8月同社食品カンパニープレジデント。09年6月同社取締役社長最高経営責任者（新聞掲載当時)。15年6月から同社取締役会長。

(2009年11月14日掲載　構成・松身茂　撮影・星野章)

JUNJI UEDA

ユニー・ファミリーマート
ホールディングス 代表取締役社長

上田準二

百冊の読書は百の人生経験、心に残れば生涯の指針です

心を動かすのがリーダーの役割

学生時代の私の夢は、作家になることでした。実はそのために選んだ就職先が商社（伊藤忠商事）で、仕事も人間関係も多彩そうだから、小説の題材になる人生経験が得られると考えたのです。長く働くつもりのない私の内心は、1年目で上司に見抜かれましてね。上田クン、よくやってくれているねという笑顔とともに、異動を命じられました。思えば当時の私は、人生に本当の目的がなかったのだと思いま

す。同僚の見事なプレゼン資料を見て自分の文才へのうぬぼれに気付き、仕事でやるべき目標が見えてくると、作家になるという気持ちは自然と消えていきました。

最初に紹介するのは**『EQリーダーシップ——成功する人の「こころの知能指数」の活《い》かし方』**という本です。この本の著者はリーダーシップの根本とは、人の感情に働き掛けることだと書いています。私はビジネス書をさほど読みませんが、これは一気に読んでしまいました。一気に読める本は、長く心に残る本です。

この本は尊敬するある人が贈ってくれたのですが、最初は「君はＩＱで勝負する必要はない。情でやりなさい」という助言だと思いました。しかし読み進めていくと本書の核心は、「組織が最大限に力を発揮するのは、社員の隅々から経営トップまで気持ちがつながっている時だ」ということだと気付きました。

これはただの情とは違います。社員の業績が悪い時、なぜそうなのか上司が理解している。トップの指示や人事に込めた期待を、社員が分かっている。例えばそういうことでしょう。組織が歯車ではなく、家族的な相互理解の中で動くことの重要さを再認識した一冊です。

組織の統率者が公正でいるための教訓

次は、『ＥＱリーダーシップ』と対極をなしながら、読後感としては自分の行動の在り方に同じ示唆を与えてくれた本、**『裸の独裁者　サダム——主治医回想録』**です。この本はサダム・フセインの主治医が書いた回想録で、国民の期待を一身に集めた優秀なリーダーが、いかに独裁者へと変わっていくかを克明に描いています。

自分一人で独裁者になる者は、この世にいません。組織のリーダーには、彼を押し上げる支持者がいます。では、リーダーがなぜ独裁者に変わるかといえば、自己保身に走る取り巻き、言動が全て受け入れられる環境、周囲への疑心などが渦を巻き、自分が異常社会の中にいることに気付かなくなるからです。

翻って、ファミリーマートは大丈夫だろうかと。ありがたいことに私の周囲には、遠慮なく物を言ってくる部下がたくさんいます。しかしそれも、よき先輩経営者たちは「少々反論をした上で、自分の意向に落ち着かせたほうが、むしろ気分がいいだろうといった気遣いかもしれないぞ」と冗談交じりに脅かします。自分とはほど遠い存在と思っていた人物の人生からも、心の持ち方次第で実感のある教訓を得られるのが、「物語」を読む魅力でしょう。

時代に「活躍の場」を提供した小松帯刀《こまつたてわき》への敬服

近年読んだ本では、原口泉《はらぐちいずみ》さんの『**龍馬を超えた男　小松帯刀**』を面白く読みました。小松帯刀は幕末の薩摩藩の家老で、西郷《さいごう》や大久保《おおくぼ》、龍馬《りょうま》といった人々に立場を超えて慕われていた人物です。龍馬たちは情熱あふれる改革者でしたが、維新が成し遂げられたのは、彼らが縦横無尽に活躍できる帯刀のバックアップがあったからです。個人の思いや行動は時にブレが生じます。しかし、帯刀の時代を見る目はブレませんでした。

言ってみれば私も、一人で相手に切り込む志士ではなく、社員それぞれの意欲を高め、持ち味を生かして活躍できる場を与えるのが役割です。帯刀の名はさほど知られていませんが、私の仕事もそういうものなのだと思います。

最後に挙げるのは、齋藤孝《さいとうたかし》さんの**『声に出して読みたい日本語』**です。私がいくら本好きでも、スケジュールが詰まっていたり、物事がうまく進んでいなかったりする時は読書に集中できません。そんな時は、どのページでもよいのでこの本をめくり、美しい日本語を目で追うようにしています。すると文章が音楽のように、心をリセットしてくれるのです。日本人としての文化、日本人としての生き方に、ほんのわずかな短い時間に触れられる書として、幾度となく読み返しています。

ある一時期、初めての状況なのに過去に体験したような感覚を覚えたり、未来の予想が次々的中したりして、自分には予知能力があるのではと思ったことがあります(笑)。実はそれは、昔読んだ小説の同じような局面を、自分の人生に置き換えていたのです。たくさん文学小説を読んだおかげかもしれません。

『EQリーダーシップ
――成功する人の「こころの知能指数」の活かし方』
(日本経済新聞出版社)

ダニエル・ゴールマンほか・著
土屋京子・訳

優れたリーダーシップの発揮に必要なのは、戦略やビジョンといった知性的な能力だけではない。人間の感情を理解する能力であるEQ（感じる知性）が重要だと指摘したベストセラー。

『裸の独裁者 サダム
――主治医回想録』
(NHK出版)

アラ・バシール、ラーシュ・シーグルスンナノー・著　山下丈・訳
〈品切れ〉

イラクの絶対権力者として君臨したサダム・フセイン。その素顔を見てきた主治医による回想録。独裁者の横暴と孤独、高官たちによる政治の腐敗を描く。

『龍馬を超えた男 小松帯刀』
(PHP研究所)

原口泉・著
〈品切れ〉

小松帯刀は西郷隆盛、大久保利通、坂本龍馬、徳川慶喜ら、維新の立役者たちと尊皇・佐幕の壁を超えて通じ、「幻の宰相」と言われる薩摩藩家老。薩長同盟、大政奉還に陰ながら尽力した小松帯刀の知られざる生涯を描く。

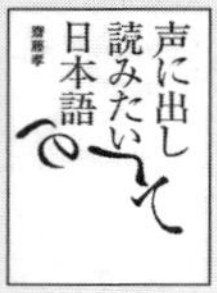

『声に出して読みたい日本語』
(草思社)

齋藤孝・著

歌舞伎や大道芸の名口上、古典や詩歌の名句や、小説の一節など、声に出し読み上げることで、子どもは潜在的な日本語力を身に付け、大人は日本語の美しさを改めて知る。日本語ブームの火付け役となった齋藤孝のベストセラー。

『酔って候』
(文春文庫)

司馬遼太郎・著

「司馬作品には重量級の大作が数多くありますが、気軽に読める小品も私は好きです」という上田社長が挙げた一冊。本書は佐幕と勤王に揺れた土佐藩・山内容堂を始め、激動の時代の中で個性を放った4人の「リーダー」たちを描く。

うえだ・じゅんじ　1946年秋田県生まれ。70年山形大学文理学部卒業。同年4月、伊藤忠商事入社。2000年5月ファミリーマート顧問、同年9月執行役員。01年5月常務取締役。02年3月代表取締役社長（新聞掲載当時）。13年1月代表取締役会長。16年2月、ユニーグループ・ホールディングスとの経営統合で最終合意。同年9月ユニー・ファミリーマートホールディングス社長に就任。

(2009年12月15日掲載　構成・松身茂　撮影・星野章)

LEADERS AS READER

MASANORI KATAYAMA

いすゞ自動車
代表取締役社長

片山正則

読書は自由な思考を促す〝ゆらぎ〟

生命現象と企業の進化、両者の類似に驚く

1990年代初め、いすゞの風土改革を目指すボトムアップの運動が大きなうねりとなり、社内で活発な議論が交わされました。私は鋳物を専門とする技術部門にいましたが、会社はどうあるべきか、組織はどうあるべきか、マネジメントについて考えるようになりました。この時『**企業進化論――情報創造のマネジメント**』を読み、目からうろこが落ちました。というのも、生命現象の原則に照らした企業

進化論に驚くほどの説得力があったからです。生命を持つシステムは、自主的に振る舞う要素、いわゆる〝ゆらぎ〟を内包し、〝ゆらぎ〟は周りの要素と協調して組織化する能力を持つといいます。その過程で、固定化した秩序を「個」が破るような現象、いわば突然変異に相当する現象が起こり、革新的で優れたものが新たな秩序として定着していく。この生命現象を企業進化論に当てはめると、企業が自己革新し、進化していくためには、現場が自律的に振る舞う〝ゆらぎ〟を許し、個人と会社との間で一定の緊張関係を保つことが肝要であるという解釈ができます。この考え方は、私の企業観に大きな影響を与えました。

その後、生産部門の調整役を担う部署に移り、トヨタ生産方式を始めとするＩＥ（生産管理）について学び始めました。その中で**『ＩＥ問題の解決』**に出会いました。本書で注目したのは、人間の視野は、組織上の地位によって強く影響を受けるもので、良い問題解決をするためには、地位を離れて物を見ることが必要であるという指摘です。例えば生産工程で何か問題が起こったら、「この問題を現場責任者でなく工場長の問題に置き換えたら」「社長の問題に置き換えたら」と、意識的に次元を変えて考えてみる。もし良い答えが出ないなら、問題そのものが悪いと見なし、目標や条件を変えてみる。あるいは一部の問題だけ解決し、その結果を見ながら方策を探る。よくある「営業とものづくりの対立」という構造もこうしたことで回避できると学びました。

次は、**『失敗学のすすめ』**です。技術を持つ組織は、現場の小さな失敗を避けるため、マニュアル化に走りがちです。しかし、それによって組織が思考停止に陥り、かえって大事故につながる可能性がある。東京大学で機械工学を教えていた著者は、学生たちに手本となるサンプルを一切示さずにものを創らせ、失敗による体感・実感から使える知識を獲得させる学習方法を採用していたそうです。これはとても大切なことで、企業組織にも「失敗に基づく創造」ができる環境と人材が必要です。私自身のことで言えば、2年間のタイ赴任が、マネジメント職の体感・実感を重ねる貴重な機会となりました。

前社長から送られてきたリーダーシップ論

そのタイ駐在の折に、当時の細井行《ほそいすすむ》社長から突然送られてきたのが、**『失敗の本質——戦場のリーダーシップ篇《へん》』**です。後で聞けば、本が届いたのは社内ではほんの数人とのこと。何のコメントも添えられていなかったので、送られた者同士で「社長の真意は!?」とザワつきました。ともあれ読んでみると、実に深い内容でした。戦場における優れたリーダーは、現場を踏み、見えない本質を直観し、概念化する。そうした「フロネシス（実践知）」を備えた「フロネティック・リーダー」が、現代社会に求められるという内容に共感しました。また、いかにゲームチェンジ（競争の土俵や相手、ルールが変わること）の動きを読み取れるか、いかにゲームチェンジャーになれるか、ということについて考えさせられました。例えば米軍は、陸・海・空の機能を備えた海兵隊を有することで戦い方のゲームチェンジに成功し、大勝利しました。ビジネスの戦場でも、多くの企業がゲームチェンジャーを狙い、しのぎを削っています。本書は自らのリーダーシップを顧みるきっかけにもなりました。

5冊目は、**『資本主義の終焉《しゅうえん》と歴史の危機』**です。先進国から新興国に展開された資本主義は、アフリカを最後に地理的・物理空間的なフロンティアを失い、ＩＴ（情報技術）を駆使した電子・金融空間的なフロンティアも限界に来ている。ゼロ金利が続き、いち早く資本主義の限界に突き当たっている日本こそが「脱成長型モデル」の先達になり得ると書いています。この指摘に納得しつつも、かといってどんな未来を描けばいいのか……。読後、しばしモヤモヤしましたが、いずれにしてもショッキングで興味深い内容でした。

紹介した本の多くは、組織論に関する本です。技術一筋の自分に新鮮な視点を与えてくれました。どんな情報も、触れる人の価値観や経験によって受け取り方が変わります。特に活字情報は、インパクトで攻めてくる映像情報などに比べ、自由に思考を深め、解釈できる余地が大きい。私にとって読書は、ある種の〝ゆらぎ〟です。

『企業進化論
――情報創造のマネジメント』
（日本経済新聞出版社）
野中郁次郎・著
〈品切れ〉

企業が激しい環境変化の中で生き残っていくためには、組織自体が情報を創造していく必要があることを説き、経営学パラダイムの大転換を促した名著。

『ＩＥ問題の解決』
（日刊工業新聞社）
川瀬武志・著
〈品切れ〉

ＩＥ（インダストリアル・エンジニアリング）の問題解決のための考え方や手順、人間的・組織的・環境的な影響への配慮などを、実話をベースに詳細に解説。

『失敗学のすすめ』
（講談社）
畑村洋太郎・著

失敗の法則性を理解し、失敗の要因を知り、失敗が本当に致命的になる前に、未然に防止する術（すべ）とは。失敗と上手に付き合い、創造力につなげる方法を伝授。

『失敗の本質
――戦場のリーダーシップ篇』
（ダイヤモンド社）
野中郁次郎・編著　杉之尾宜生、戸部良一、土居征夫ほか・著

率先垂範の精神を欠くリーダー、硬直化した官僚的組織など、今、かつての日本軍と同じ失敗が繰り返されている。有事におけるリーダーシップを再検証。

『資本主義の終焉と
歴史の危機』
（集英社）
水野和夫・著

金利ゼロ、利潤率ゼロと、資本主義の最終局面に立つ日本。異常な利子率の低下という「負の条件」をプラスに転換し、新たなシステムを築くことの大切さを説く。

かたやま・まさのり　1954年山口県生まれ。78年東京大学工学部卒。同年いすゞ自動車入社。2007年取締役。09年常務執行役員。11年専務執行役員・アセアン現地事業統括泰国いすゞ自動車副会長。14年副社長。15年から代表取締役社長。

（2016年９月27日掲載　構成・高橋和子　撮影・合田和弘）

KIYOSHI KANAZASHI

東急不動産ホールディングス
代表取締役会長
金指 潔

新進作家の小説を通して、価値観の多様性を知る

極端な個性に刺激を受けた芥川賞3作

ビジネスを進める上で、人々のライフスタイルの変化やニーズの多様化に敏感でなければなりません。ですので、新進作家による小説は特に意識して多く読んでいます。若い感性で書かれた小説は、時代を知る手掛かり。一般常識やビジネス理論とは異なる考え方を補います。

もちろん芥川賞と直木賞の受賞作品は毎年必ず読むようにしています。今の人たちが何を考え、どういう視点で社会を捉えているのか。小説に出てくる登場人物の生き方を通して世代の違いや価値観の変化を思い知ることもしばしばです。近年の芥川賞では、まず、西村賢太《にしむらけんた》氏の『**苦役列車**』。主人公の貫多は、生い立ちの不幸がもとで将来への希望を見いだせず、日雇い労働をしながら最低限の暮らしをつなぐ青年です。自らを高める努力をせず、自堕落な日々を過ごす貫多。彼の望みは、「おかずがちょっと良けりゃいい。温かければ、なおいい」という低さです。最初に読んだ印象は、「若者よ、しっかりしろ！」でした。ところが再読してみると、新鮮な発見がありました。ひどく深刻に思える状況も、貫多はそれほど悲観していないのではないか。むしろ自分の劣等感を笑う余裕、あっけらかんとした明るさすらある、などと。私が社会に入ったのは高度成長の幕開け期で、人々は競争社会の中で互いに鍛え合い、他者との比較の中で自己実現を求めました。一方、成熟期に生きる貫多の世代は、ひたすら内面を掘り下げ、独自の物の見方を確立すればいいという意識が強い気がします。それを私の物差しで理解しようとすると出口が見えなくなってしまう。意識の変化を事実として受け止めることが肝要なのだと思います。

田中慎弥《たなかしんや》氏の『**共喰い**』は、異常な性癖を持つ父親にコンプレックスを抱く青年が、「父の血」を自覚していく物語です。狂気じみた暴力や暗い欲望に満ちた内容は、感動、共感といった言葉では語れませんが、混沌《こんとん》とした現代だからこそリアルに映ります。印象的だったのは、父子を取り巻く女性たちです。たくましさ、したたかさ、内なる生命力……。男と女は別の生き物なんだと思わされる箇所がままあって、男性の著者がよくぞこういう描写ができたなという驚きもありました。

鹿島田真希《かしまだまき》さんの『**冥土めぐり**』も、女性の神髄を読ませる本だと思います。主人公の奈津子は、過去の栄光に固執する母親、浪費癖の弟に、精神的にも金銭的にも搾取され、夫は不治の病にかかり、介護が必要な体となってしまいます。しかし、不幸や理不尽に振り回される姿よりも、夫の純粋さに救いを見付け、強く生きていく姿が心に残りました。

3作に共通しているのは、全ての登場人物が類型化できないということです。これまでの日本社会は同質化が求められ、例えばマーケティングの世界では、顧客の母数を最大化することを目標としてきました。その結果、目新しい商品を出せば、マスの注目を集めることができました。それが今では通用しなくなっていると思います。当社は商業施設やリゾート事業などで若いお客様を多く抱えます。小説を読んで「類型化できない個にいかに働き掛けるか」を意識できたことは大きな収穫でした。

事業の未来に思いをはせた街の成長を観察する書

次に紹介するのは、**『経済大国インドネシア――21世紀の成長条件』**です。本書は、世界第4位の人口を誇り、生産年齢人口の比率が高まることによって経済成長が促進される効果「人口ボーナス」の期間が、中国や韓国よりも長く続くと予測されるインドネシアの潜在力を検証しています。当社は40年近くにわたってインドネシアで住宅分譲事業を展開しています。この（2012年）7月には現地法人を立ち上げ、今後はマンション分譲やコンドミニアム事業など都市型開発事業を展開していきたいと考えています。出張で赴くたびに成長のスピードに驚かされる国で、日本が戦後40年掛けて経済大国となった動きが、この先10年で起こってくるのではないかと予感しています。

最後は、『**凹凸を楽しむ　東京「スリバチ」地形散歩**』です。私たちの仕事は、とにかく街に出て、歩いて、人々の生活の息吹を感じ、その街の何を改善すべきか、あるいは何を残すべきかを追求することです。同時に、こうした本を通して自分とは違った視点から土地の成り立ちを学ぶことが大事だと思っています。本書が指摘するとおり、東京にはスリバチ状のくぼ地がたくさんあり、地形や自然を生かした街づくりの足跡がそこかしこに残っています。それは当社が再開発事業において留意していることでもあります。この（2012年）4月に開業した「東急プラザ表参道原宿」は、明治神宮の森や表参道のけやき並木に象徴される緑豊かな環境を建築デザインに取り込んでいます。また、私は東京の上野生まれなので、高層ビルの裏で植木鉢が並んだ小さな路地を見付けると子どもの頃を思い出して懐かしく感じます。そういう情緒的なものを大切に守りながら、防災などを踏まえた安心・安全な環境を提案することも重要な課題だと思います。本書には、当社の原点である田園都市株式会社が理想の街づくりを目指して開発に取り組んだ田園調布の今昔や、本社の所在地であり、駅を中心とした大規模な再開発を計画している渋谷の地形解説なども載っていて、興味深く読みました。

『苦役列車』
（新潮社）
西村賢太・著

日雇い労働で生計を立てている19歳の貫多。青春に渦巻く孤独と窮乏、労働と痛飲、そして恨みと因業を描く。後年、私小説家となった貫多の、無名作家たる達観と八方破れの覚悟を描いた『落ちぶれて袖に涙のふりかかる』を併録。

『共喰い』
（集英社）
田中慎弥・著

17歳の遠馬は、父とその愛人と暮らし、近所で魚店を営む母親の元に時々出かけては川で釣った魚をさばいてもらっている。性行為の間に女性を殴る父親の血を受け継いでいるのではないかとおびえる少年の、逃げ場のない血と性の物語。

『冥土めぐり』
（河出書房新社）
鹿島田真希・著

裕福だった過去に執着する母と弟。家族から逃れたはずの奈津子だが、突然夫が発作を起こし、不治の病にかかる。それは奈津子にとって、奇跡のような幸運だった。夫と巡る失われた過去への旅を描く傑作。

『経済大国インドネシア
――21世紀の成長条件』
（中央公論新社）
佐藤百合・著

2億4千万近い人口と豊富な資源を背景とした潜在的な国力が世界から注目されるインドネシア。2004年、ユドヨノ政権になって以降の政治的安定も成長要因となっている。中国、インドに続く“アジアの大国”のこれからを展望する。

『凹凸を楽しむ 東京
「スリバチ」地形散歩』
（洋泉社）
皆川典久・著

東京の高低差を楽しむ、全く新しい地形エンターテインメント。谷地形に着目したフィールドワークを東京都内で続ける著者が、「スリバチ」と呼ぶ谷地形の特徴や法則、具体的なエリアごとの楽しみ方を紹介。15エリアの3Dマップ付き。

かなざし・きよし　1945年生まれ。東京都出身。早稲田大学政治経済学部卒。68年東急不動産入社。86年東急ホーム取締役。98年東急不動産取締役。常務、専務を経て東急ホーム社長、東急アメニックス社長を歴任。2008年4月東急不動産取締役社長（新聞掲載当時）。15年4月から東急不動産ホールディングス代表取締役会長。社団法人不動産協会副理事長、一般社団法人不動産証券化協会副会長。

（2012年12月25日掲載　構成・高橋和子　撮影・星野章）

YOSHITAKA KITAO

SBIホールディングス
代表取締役執行役員社長

北尾吉孝

今なお、今こそ、輝く。英哲たちが残した徳育の書

幼少から親しんだ『論語』の教え

渋沢栄一《しぶさわえいいち》氏が説いた「道徳経済合一説」の実践を趣旨とし、ＳＢＩ大学院大学を設立したのは約3年前（２００８年）のことです。実務家としての資質に欠かせない倫理的価値観や人間力を養うための「徳育」を重視し、講師も務めています。僕の精神的支柱は中国古典であり、孔子《こうし》、孟子《もうし》、韓非《かんぴ》など思想家の英知を受講生にも吸収してほしいと思っています。**『論語』**は、読み返すたびに新しい発見と自

己反省があります。心に残った片言隻句に線を引きながら読むのですが、読む時期によって引く箇所が変わります。社会経験を重ねるにつれ読み方が深まるからでしょう。そのため、精神的成長を測るバロメーターにもなるんです。2005年にライブドアによるニッポン放送買収騒動が起き、公共財である資本市場を守りたいとの義憤からホワイトナイトとして介入しましたが、この時励まされたのが「徳ある者は必ず言あり（徳性の高い人は必ず筋道が通った立派なことを話す）」「義を見て為《せ》ざるは勇なきなり（行うべきことを前にして行わないのは臆病者）」という教えでした。子どもの頃は文字を追うだけで精一杯でしたが、社会人になってからは折々で決断を後押ししてくれる実践の指南書です。

『三国志』との出会いも若い時分で、多彩な登場人物が織りなす壮大なドラマに寝食を忘れて夢中になりました。諸葛孔明《しょかつこうめい》の胆識に男として憧れ、魏《ぎ》の曹操《そうそう》、呉《ご》の孫権《そんけん》、蜀《しょく》の劉備《りゅうび》、三者三様の国づくりに学びがありました。特に劉備玄徳《げんとく》の資質は論語の「徳は孤ならず、必ず隣あり（徳のある者は孤立せず、必ず仲間ができる）」にも通じ、共感しました。リーダーには人を引き付ける人間力がなければならない、自分もそうありたいと。

自分の未熟さを痛感、明治の碩学《せきがく》ここにあり

陽明学者で思想家の安岡正篤《やすおかまさひろ》氏の著書**『いかに生くべきか――東洋倫理概論』**は、座右の書の一冊です。人生において主眼を置くべき倫理を説き、早年期は「親兄弟に対する孝悌《こうてい》」「英雄哲人に対する私淑」など、中年期は「夫婦の道」「父母の道」など、晩年期は「生死の覚悟」「報謝の生活」などをテー

マに「いかに生くべきか」が示されています。東洋思想から西洋哲学まで広範な学識を持つ安岡先生の教えは、戦後日本の道徳教育の欠如を補うもので、不変の真理だと思います。内容が難解だという人もいますが、僕はどうにかこの良書を手に取ってほしくて、**『安岡正篤ノート』**（致知出版社）という入門書も著しました。

明治生まれのもう一人の思想の巨人が、森信三《もりのぶぞう》氏です。**『修身教授録――現代に蘇る人間学の要諦』**は、森先生が40代前半に天王寺師範学校の「修身科」で講義した内容を生徒が筆記したものです。僕が本書に出会ったのも同じ40歳くらいで、魂が打ち震えるような感動を覚え、同時に自分の未熟さを思い知らされました。「教育とは、子どもの20年、30年後も見つめ、学校下の民をも導くものでなければならない」という透徹した使命感と深い愛情、東洋の思想哲学に基づく豊かな学識が、臨場感をもって胸に迫ります。人知れず便所を清めたり教室のゴミを片付けたりと「下座行」を実践された方の言葉には、学問だけ究めた人には及ばない真義があり、全集を始め著書という著書をほとんど読みました。偉人の思索の遍歴をたどり、哲学体系の全容を読み解き、味わい、血肉化し、実践することが自らを磨くためには重要で、若い人には本書とともに、誰でも興味を持った人物の全集を読むことをお薦めします。

良書を何度も読んで味わい、著者の思いを「血肉化」し、ただ感化されるだけでなく、「自分ならどう処するか」を主体的に考え、さらには日常の社会生活の中で実践していく。これこそが読書の価値だと思います。

ビジネスの成功条件はいかに時流に乗るか

『ビジョナリー・カンパニー――時代を超える生存の法則』は、ビジョンを持っている企業、未来志向の企業の発展の軌跡と成功理由を、似た境遇の別の優良企業と比較し分析しています。日本の経営者はこうした学術的実証研究を軽んじる傾向があるように思いますが、成功の十分条件にはならなくても、必要条件を知る手掛かりになるはずです。例えば「経営理念は理論や外部環境に左右されないもの、ビジョンは変化させ、発展させるもの」という内容は、当グループも実践するところです。会社の未来に期待するのは、経営者が変わっても繁栄し続けることで、そのために重要なのは、時流に乗ること、しかも短期的ではなく、営々と存続するビジネスの潮流を見極めることです。僕にとってはそれが金融であり、金融という情報産業を新たに担い始めたインターネットでした。10年前に設立された企業で生き残っているのは100社に6社、20年では1千社に3社、30年では1万社に2・5社と言われるほど、企業経営は容易ではありません。どんなビジネスにおいても経営者はビジョナリーでなければならないと思います。

KITAO'S RECOMENDED BOOKS

『論語』
（岩波書店）
金谷治・訳注

中国古典の「四書」の一つで、紀元前552〜479年に生きた孔子とその弟子たちの言行録。512の短文を全20編で構成。日常生活から政治まで多彩な論題を通じ、君子と小人の違い、人としての生き方、「徳」「義」「仁」などの意義を伝える。

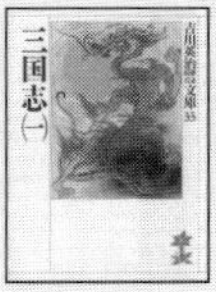

『三国志』全8巻
（講談社）
吉川英治・著

約2000年前、中国は後漢末期から三国時代にかけての興亡史。一青年劉備が関羽、張飛と義盟を結び、世を救わんと黄巾賊や政治腐敗に立ち向かう。「三顧の礼」で軍師に迎えた諸葛孔明の活躍、曹操との攻防など壮大なる群雄割拠の物語。

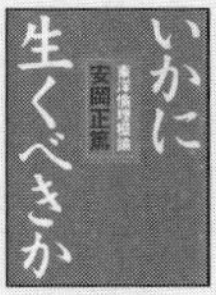

『いかに生くべきか
――東洋倫理概論』
（致知出版社）
安岡正篤・著

著者が開いた私塾「金雞（きんけい）学院」の東洋思想の教本として、32歳の時に発刊。早年期、中年期、晩年期に分け、それぞれの眼目とすべき倫理を「立尚」「敬義」「立命」と題し、東洋や西洋の古典や偉人の名言を引用しながら教示。

『修身教授録
――現代に蘇る人間学の要諦』
（致知出版社）
森信三・著

「国民教育の師父」とうたわれた著者が、天王寺師範学校「修身科」で教師を志す生徒に向けて行った全79講を収録。生徒の手で書き取られた講義の内容から、著者の教育に対する熱意や教室の臨場感が伝わる。人としての原理原則を説く。

『ビジョナリー・カンパニー
――時代を超える生存の原則』
（日経BP社）
ジェームズ・C・コリンズ、ジェリー・I・ポラス・著　山岡洋一・訳
〈品切れ〉

時代を超え、際立った存在であり続ける企業＝ビジョナリー・カンパニーの源泉を解き明かした米国のロングセラー。徹底した調査とライバル企業との比較対象などから、従来の経営神話を看破。普遍的な経営理念の価値について考察する。

きたお・よしたか　1951年兵庫県生まれ。74年慶應義塾大学経済学部卒。同年野村證券入社。78年ケンブリッジ大学経済学部卒。89年ワッサースタイン・ペレラ・インターナショナル社常務取締役（英国勤務）。91年野村企業情報取締役。92年野村證券事業法人三部長。95年ソフトバンク入社、常務取締役。99年ソフトバンク・ファイナンス代表取締役社長。同年ソフトバンク・インベストメント（現SBIホールディングス）代表取締役社長（新聞掲載当時）。2012年6月から同社代表取締役執行役員社長。

（2011年10月24日掲載　構成・高橋和子　撮影・星野章）

KAZUAKI KOTANI

ナブテスコ
代表取締役社長兼CEO

小谷和朗

仕事も息抜きも本が助けに

製造業の実績を読み自社の課題を再認識

ナブテスコは、産業用ロボットの精密減速機などの製造会社・帝人製機と、鉄道車両用ブレーキなどの製造会社・ナブコが経営統合して2003年に設立された会社です。当社の製品の核となるのは、モノを精密に動かし、止める「モーションコントロール技術」。産業用ロボットの関節などに使用される精密減速機は世界トップの市場シェアを有し、国内でも、建物用自動ドア、新幹線のドア開閉装置などにおいてトップシェアを確立しています。

最初に紹介するのは、私が社長に就任した時に、ナブテスコ初代社長興津誠氏から経営の参考にと贈られた**『ダントツ経営』**です。建設機械メーカーのコマツが、中国市場を始めとする世界の成長分野でなぜ成功できたのか。リーマン・ショックなど外部環境の急変によって落ち込んだ経営をどう建て直したのか。険しい道のりの中で采配を振るい、V字回復を成し遂げた坂根正弘《さかねまさひろ》コマツ元社長が語ります。

危機に直面した時に大胆な改革を実行する一方で、社員の痛みを最小限に抑え、協力関係にある企業の体力維持に努めた取り組みは、製造業の手本だと思います。コマツは、私が営業部門にいた頃の担当取引先で、製品開発力はよく知っていましたが、経営観にも学ぶ点が多いと感じました。

当社は、ＱＣＤ（品質・コスト・納期）のパフォーマンスを高めることで大手顧客の信頼を獲得し、共に成長してきました。ただ、海外市場で存在感を示し、さらなる利潤を生むためには、現地の顧客ニーズからソリューションを探り当てるマーケットバックの発想が必要です。つまり、製品ありきのプロダクトアウトの発想では不十分で、提案力が要る。そうした中で一つの視座をくれたのは、**『リバース・イノベーション――新興国の名もない企業が世界市場を支配するとき』**です。ＧＥヘルスケア・ジャパンが開発した安価で簡便な携帯型心電計など、新興国で採用されたイノベーションが先進国へ逆流し、新市場を生んでいる事例の数々に刺激を受けました。

好みの作家は次々読破、マンガがきっかけの本も

私は、ナブテスコの設立以前は、帝人製機で繊維機械の営業などを担当していました。40代半ばにはインドネシア現地法人に赴任し、副社長として千人前後の現地従業員を束ね、その間、アジア通貨危機や暴動も経験しました。緊張が続く中での気分転換は、ゴルフと読書。日本人の部下から借りて**「島耕《しまこう》作《さく》シリーズ」**(弘兼憲史著、講談社)や**横山光輝《よこやまみつてる》の『三国志』**(潮出版社)など、マンガも読みました。島耕作シリーズは、タイムリーな社会情勢が描かれ、自分の仕事と重なる部分も多かったので、帰国後も続きを読み、**『社長島耕作』**は全巻〝大人買い〟しました(笑)。

帰国後には、**北方謙三《きたかたけんぞう》版『三国志』**も読みました。横山光輝版が面白かったので、今度は文字で堪能してみようと思ったのです。本作ですっかり〝北方ワールド〟にハマり、懐良親王《かねよししんのう》、北畠顕家《きたばたけあきいえ》などを題材にした南北朝ものや、**「水滸伝」シリーズ**(集英社)を次々読破しました。

私は好きな作家に傾倒するタイプで、浅田次郎《あさだじろう》さんの小説もほとんど読んでいます。あえて一番を選ぶなら、**「蒼穹《そうきゅう》の昴《すばる》シリーズ」**(講談社)。フィクションですが、清朝末期の歴史的事件や実在の人物をリアルに感じられるのが魅力です。**『蒼穹の昴』**の面白さは言うまでもなく、「義和団の乱」をめぐる変死事件を描いた**『珍妃の井戸』**、張作霖《ちょうさくりん》やその息子・学良《がくりょう》に焦点を当てた**『中原の虹』『マンチュリアン・リポート』**も秀作でした。

『日本のものづくりはMRJでよみがえる!』は、三菱航空機の国産ジェット旅客機MRJ

(Mitsubishi Regional Jet) が日本の製造業復活の起爆剤になり得ることを、様々な角度から分析しています。MRJには、航空機の飛行姿勢を制御する「フライト・コントロール・アクチュエーション・システム」という当社の製品が搭載されており、その関係で本書を手に取りました。ハイテクアナリストの著者の視点は鋭く、中でも、日本は高精度の部品を作り、歩留まりの高い量産を行う「製造技術」に優れているが、部品を組み合わせて市場が求める商品を生み出す「製品技術」がないとの指摘は、今後の課題として読みました。

最近併読していたのは、大前研一《おおまえけんいち》さんの**『低欲望社会——「大志なき時代」の新・国富論』**(小学館)と、経済、政治、文化など各界で重要な役割を果たした31人の「遺言」をまとめた**『遺言——日本の未来へ』**(日経ビジネス編、日経BP社)。この2冊も大変読み応えがありました。常に2、3冊を並行して読んでいます。乱読派ですね。

KOTANI'S RECOMENDED BOOKS

『ダントツ経営』
(日本経済新聞出版社)
坂根正弘・著

経営改革を断行し「右肩上がりを前提にしない経営」を確立。グローバル化を進め、売上高の7割を新興国市場で稼ぐ体制を築いたコマツ元社長が語る。

『リバース・イノベーション——新興国の名もない企業が世界市場を支配するとき』(ダイヤモンド社)
ビジャイ・ゴビンダラジャン、クリス・トリンブル・著
渡部典子・訳　小林喜一郎・解説

もはや単なる輸出では勝てない。2011年「Thinkers50」のトップ3に名を連ねた経営思想家が、豊富な企業事例を交えて近未来の競争のルールを提示。

『三国志』全14巻
(角川春樹事務所)
北方謙三・著

天下が乱れる後漢末の中国。劉備の熱情、曹操の怜悧、孫権の豪気。覇業を志し、数々の伝説を残した英雄たちの興亡のドラマを鮮やかにつづる歴史長編。

『珍妃の井戸』
(講談社)
浅田次郎・著

誰が珍妃を殺したか?　列強の軍隊に制圧され、荒廃した北京で、王権の未来を賭けた謎解きが始まる。『蒼穹の昴』に続く清朝宮廷ミステリー・ロマン。

『日本のものづくりはMRJでよみがえる!』
(SBクリエイティブ)
杉山勝彦・著

グローバル市場を目指す戦いにおいて、日本企業はどんな戦略を取ればいいのか。「ものづくり敗戦」を経験した日本が再生するための、新たなものづくり論。

こたに・かずあき　1951年兵庫県生まれ。74年関西学院大法学部卒。同年帝人製機(現・ナブテスコ)入社。2003年インドネシア現地法人副社長。09年ナブテスコ執行役員。10年取締役執行役員企画本部長などを経て11年6月から代表取締役社長兼最高経営責任者(CEO)。

(2015年10月24日掲載　構成・高橋和子　撮影・合田和弘)

SHIGETAKA KOMORI

富士フイルムホールディングス
代表取締役会長兼CEO

古森重隆

哲学や歴史の良書が私を鍛えた

気高い生き方に触れ自己の確立に目覚める

一人の人間が一生涯で実際に経験できることは限られています。読書は時空を超えてあらゆる疑似体験ができ、天才、偉人、変人、どんな人間とも交われます。知識が付き、知恵が付き、情操を育めます。本は大事な人生の糧です。

「言葉は力なり」。常々思っていることです。言葉を通じて物を考え、論理を組み立てることができる。

その力を養うのに、読書に勝るものはないと思います。少年時代は内外の文学を片っ端から読み、大学時代は哲学書を多読しました。当時の大学は、教養書の多くが哲学書だったのです。哲学といえば「デカンショ」（デカルト、カント、ショーペンハウエル）と言われましたが、読んで「我が意を得たり」とひざを打ったのは、**『ツァラトストラかく語りき』『善悪の彼岸』**（木場深定訳、岩波書店）など、ニーチェの著作でした。旧来の権威や圧力から解き放たれ、自由に、強く正しく、気高く生きよ。倫理観は押し付けられるものでなく自ら養うものである。新しき創造への自由を自ら創造せよ。まさにこうあるべきだと、自分でも考えていましたので、まさに確信を得て、その後の人生の糧となり、基盤となりました。

周囲に操られず、いかに自己を発揮するかを記した**『自分の時代――知的独立の生涯構想』**は、いわばニーチェ哲学の実践編です。アメリカの心理学博士が、「個」を重視した生き方の神髄を説きます。自分を信頼する勇気が湧く本で、何度も読み返しました。

『日本の知恵　ヨーロッパの知恵』は、欧米の大学で教師だった松原久子《まつばらひさこ》さんが、最初はドイツ語で出版し、「欧州こそ世界の中心、欧州人こそ文明の頭脳」という世界観に一石を投じた書です。「明治維新までは未開国だったが、欧州のおかげで文明に接し、今の日本を築くことができた」といった考え方に対し、鎖国下でも都市文化や学問が栄えていたことを示すなど、公平な視点で日本と欧州を比較しています。私は旧満州に生まれ、戦後、命からがら日本に引き揚げました。それからというもの、敗戦で誇りを失い、自身の歴史の美点を顧みようとしない日本の姿を見てきました。１９７０年代に初めて欧米を訪ねた際は、人種差別も感じました。欧米文化と日本文化の公平公正な評価をし、日本文化が決して劣らないものであると論証する本書と出会い、目が覚めました。96年から4年ほどヨーロッパ社長を務めましたが、本書を読んで西洋人と西洋文明に対する認識を持っていたので、何の差別感も持たず、対等に公正に接しました。仕事でもプライベートでも現地の人と徹底的に議論し、納得できなければ妥協しませんでした。その中で、日本と欧州の良い点、良いところを取って活動できたと思います。

リーダーに求められる大局観や信念を育む書

世界における日本を相対的に眺め、歴史観を養い、日本人としてのアイデンティティーをしっかり持つ。国際社会で生きていく上でとても重要なことです。そういう意味では、かなり前の刊行ですが、カラー図版満載の『**ライフ人間世界史**』シリーズも、日本の歴史を客観的かつ正当に評価している書として出色でした。

さらに「国民の書」と思えたのが、『**坂の上の雲**』です。登場する人物それぞれが使命感に燃え、日露戦争で死力を尽くしました。中でも山本権兵衛《やまもとごんべえ》海軍大臣や児玉源太郎《こだまげんたろう》満州軍総参謀長の采配は心に残りました。ただ、日本のその後の戦史全体を見渡すと、大局観がなく、戦略が描けず、責任を伴う決断に尻込みしてしまう司令官もいました。それと似た現象は、今の政界・ビジネス界にもある気がします。

私が富士フイルムの社長に就任したのは、デジタル化が急速に進み始めた2000年で、利益の3分の2を占めていた写真フィルム事業の市場は瞬く間に縮んでいきました。03年にCEO（最高経営責任者）兼任となり、既存の成長事業の強化と新事業の創出を軸とする事業構造の変革を進めました。新しい技術が次々誕生している昨今、業種を問わず、このように当社と同じような状況に直面している企業も多いと思います。幸い、当社は「第二の創業」に成功し進化を続けています。その理由を各方面から問われるようになり、軌跡をまとめてみないかとの話を受け、昨年（2013年）、東洋経済新報社から拙著**『魂の経営』**を出版しました。ピンチの事態をいかに克服してきたかを世に示し、その中でリーダーに求められる資質や行動は何かということも書き記しました。日本社会全体の発展に寄与できればと考えています。

リーダーには、断固たる決断力が求められます。長期的な視点や強い信念がなければ大きな決断はできません。私の場合は、哲学や歴史の良書を読むことと、その中で学んだことを実践に生かす経験の中で、経営観が鍛えられたと思っています。

『ツァラトストラかく語りき』
上・下巻
（新潮社）
ニーチェ・著　竹山道雄・訳

ペルシャの教祖ツァラトストラが、人間は、旧来の権威や圧力から解き放たれ、自由に、強く正しく、気高く生きるべきと説く、ニーチェ後期思想の代表作。

『自分の時代
──知的独立の生涯構想』
（三笠書房）
ウエイン・W・ダイアー・著
渡部昇一・訳　〈品切れ〉

停滞した自己からの脱皮の方法、社会や組織の中での自己の対処の仕方、自分の人生をより創造的に生きるすべを、数々の具体例を挙げて分かりやすく説く。

『日本の知恵
ヨーロッパの知恵』
（三笠書房）
松原久子・著

なぜ欧州人は自分に非があっても謝罪しないのか。文化史や事実の例証を通して欧州人と日本人の本質を解明、国際人としての生き方を示す。

『ライフ人間世界史』全21巻
（タイム ライフ インターナショナル）
ジョナサン・N・レオナード・原著
井上光貞・日本語版監修
タイム ライフ ブックス編集部・編
〈品切れ〉

古代ギリシャ、ローマ帝国、近代ヨーロッパ、イスラム、メソポタミア、古代エジプト、アフリカ、中国など世界の歴史を網羅。日本の歴史は第20巻に収載。

『坂の上の雲』全8巻
（文藝春秋）
司馬遼太郎・著

松山出身の俳人・正岡子規と軍人の秋山好古・真之兄弟の3人を軸に、近代国家を目指す人々の奮闘と、日露戦争の勝利に至るまでの国民の努力と苦闘を描いた大河小説。

こもり・しげたか　1939年旧満州生まれ。63年東京大学経済学部卒。同年富士写真フイルム（現・富士フイルムホールディングス）入社。96年同社ヨーロッパ社長。2000年代表取締役社長。03年代表取締役社長兼CEO（最高経営責任者）。12年から代表取締役会長兼CEO。

（2014年5月23日掲載　構成・高橋和子　撮影・合田和弘）

HAJIME SAKUMA

東京建物
代表取締役社長執行役員
佐久間 一

本は心の中の泉を潤し、水量を増やし水底を深める

世界の未来と日本の在り方を示す書

本社のある東京の八重洲にはいい書店が点在しているので、昼休みなどに立ち寄るのが日々の楽しみです。読書に目覚めたのは小学生の頃。本の魅力を気付かせてくれたのは**『仔鹿物語』**（ローリングス著、土屋京子訳、光文社）でした。その頃から、就寝前の読書は長年の習慣となっています。

これまでに出会った数え切れないほどの本の中から、最初に紹介したいのは**『文明の衝突』**です。

文化や宗教観から世界は八つの文明圏に大別できるとし、文明の衝突は世界平和にとって最大の脅威であり、文明に基づいた世界秩序こそが紛争を防ぐ安全装置であると指摘しています。現在の世界情勢を見渡すと、著者が警告を発した20年前よりも文明の衝突は先鋭化しているように思います。西欧圏とイスラム圏の対立を始めとする世界の課題にどう向き合うべきか。日本人としては、文明の固有性を自覚しつつ異なる文明圏とどう付き合ったらいいのか。多様性を認める一方で普遍的な共通性を追求することの意義を説く本書は、今なお一読の価値があると思います。

もともと西洋史が好きで、40歳から3年半ほどロンドンに駐在したこともあり興味を引かれたのは、**『大英帝国滅亡史』**です。巧みな外交術や植民地政策によって栄えたイギリスの成長史とともに、アメリカ独立戦争やボーア戦争などを境にたどった衰退の道程をつづります。かつて日本は外交の模範をかの国に求め、例えば幕末に薩英戦争を戦った東郷平八郎《とうごうへいはちろう》は、維新後、同国に留学しました。本書によれば、彼が活躍した日露戦争の頃には「帝国の落日」は始まっています。しかし、ノーブレス・オブリージュ（位高ければ徳高きを要す）の精神、富の温存、引き際の美学など、衰退の過程にも習うことは多いと思いました。

わくわくしながら読んだ小さくて大きい宇宙の話

次は、**『宇宙は何でできているのか——素粒子の物理学で解く宇宙の謎』**です。「ビッグバン直後の宇宙は素粒子の世界だったのではないか」という視点から宇宙の起源に迫っています。「星やガスなど原子以外の『暗黒物質』や『暗黒エネルギー』が宇宙の約96%を占め、その正体はいまだ不明である」「宇宙は加速しながら膨張し続けている」といったSF映画のような話をわくわくしながら読みました。宇宙から飛んできたニュートリノを世界で初めて捕まえた「カミオカンデ」や、ノーベル物理学賞に輝いた「小林・益川理論」など、日本の物理学研究が謎の解明に貢献していることにも触れています。東京大学数物連携宇宙研究機構（IPMU）機構長で物理学者である著者の村山斉《むらやまひとし》氏は、「こんなことを調べて一体何の役に立つ?」という質問を受けたとき、いつも「日本を豊かにするためです」と答えるそうです。経済ばかりでなく、心や文化も豊かにすると。私は本書をグループ企業内で配布されるグループ報で紹介しました。「この本が何の役に立つ?」と聞かれたら、同じように答えると思います。

『孤愁の岸』は、濃尾三川の治水事業に駆り出された薩摩藩の艱難辛苦《かんなんしんく》をつづった歴史小説です。薩摩藩の弱体化をねらう幕府によって膨大な工事費と労働を課せられ、理不尽ないざこざの責任を取るため、あるいは幕府への抗議のため、次々と自害していく藩士たち。そんな中、工事の総指揮官である家老の平田靱負《ひらたゆきえ》は、藩費の空費を避ける策を練り、公儀の横暴に耐え、「平時のいくさ」を戦い抜きます。そして工事の完成後、腹をかき切って果てました。人を指揮し、責任を取るとはどういうことか。重たい内容ですが、深く考えさせられました。私が生まれた岐阜県が舞台ということもあり、心に残る一冊です。

心がホッとなごむ座敷わらしと家族の物語

最後は、近年読んだ小説の中でも特に気に入った**『愛しの座敷わらし』**です。ごく平凡なサラリーマンが東京から東北の田舎に転勤となり、一家で引っ越すところから物語は始まります。食品会社の課長で出世の見込みがない夫、うつ気味のその母、夫に幻滅している妻、東京では友達ができず、父との相性が悪い中学2年の娘、ぜんそくの持病がある心優しい小学4年の息子。それぞれに不満や悩みを抱え、家族関係はどこかぎくしゃくしています。そんな一家が、引っ越し先の古民家に住みつく座敷わらしの存在を介して心を通わせ、絆を深めていくさまをほのぼのと描きます。座敷わらしの描写が何とも可愛いらしく、しぐさや居ずまいを想像するだけで笑顔になれました。ファンタジーですが、登場人物の心の動きがリアルで、子どもたちの友情や初恋物語としても楽しめます。秀逸なのは、ラストの一行。驚きと幸福感に包まれてページを閉じました。

ジャンルや硬軟に関係なく、本は心の中にある泉を潤し、水量を増やし、水底を深めてくれるものだと思います。それをしみじみと感じながら読めた5冊を紹介しました。

社員に良書を紹介することもあります。読書は人の心を育んでくれるものだと思います。推薦するのは、読んで豊かな気持ちになれた本、視野が開けた本などさまざまです。仕事に直接関係がないジャンルのものでも、機会があれば読書の魅力は伝えていきたいと思っています。

『文明の衝突』
（集英社）
サミュエル・ハンチントン・著
鈴木主税・訳

政治学者の著者が、冷戦後の国際紛争は文明による衝突であると指摘。世界の枠組みを、中華・日本・ヒンドゥー・イスラム・西欧・ロシア正教会・ラテンアメリカ・アフリカという八つの文明圏に分け、21世紀の国際情勢を大胆に予測する。

『新装版 大英帝国滅亡史』
（PHP研究所）
中西輝政・著

大英帝国は、なぜ滅びていったのか。19世紀半ばから20世紀半ばに至る滅亡の流れを検証。ボーア戦争、第1次世界大戦などに潜む没落への精神的要因を掘り下げ、緩やかで豊かな「衰退の知恵」「滅びの理」に迫る書。

『宇宙は何でできているのか
——素粒子物理学で解く宇宙の謎』
（幻冬舎）
村山斉・著

物質を作る究極の粒子である素粒子。物質の根源を探る素粒子研究は宇宙誕生の謎解きに通じる。「全ての星と原子を足しても宇宙全体のほんの4%」「宇宙の大部分を占めるお化けエネルギーとは」など、やさしく語る素粒子宇宙論入門。

『孤愁の岸』上・下巻
（講談社）
杉本苑子・著

財政難にあえぐ薩摩藩に突如濃尾三川治水の幕命が下る。外様つぶしの策謀と知りつつ薩摩藩士たちは濃尾の地に赴いた。利に走る商人、自村のエゴに狂奔する百姓、腐敗し切った公儀役人を相手とした勝算なき戦い、「宝暦大治水」を描く長編。

『愛しの座敷わらし』
上・下巻
（朝日新聞出版）
荻原浩・著

生まれてすぐに家族になるわけじゃない。一緒にいるから、家族になるのだ。東京から田舎に引っ越した一家が、座敷わらしとの出会いを機に家族の絆を取り戻してゆく、ささやかな希望と再生の物語。朝日新聞好評連載を単行本化。

さくま・はじめ　1948年岐阜県生まれ。71年東京大学法学部卒。同年富士銀行（現みずほ銀行）入行。98年取締役。2002年みずほ銀行監査役。03年東京建物常務取締役。10年副社長。12年2月代表取締役社長（新聞掲載当時）。13年3月から代表取締役社長執行役員。

（2013年2月21日掲載　構成・髙橋和子　撮影・星野章）

YOSHIO SATO

住友生命保険
取締役会長兼代表執行役

佐藤義雄

心に響いた先人の名文が生保一筋の仕事の支えに

変化に富む生命保険の今昔物語

子どもの頃は両親がそろえてくれた『世界少年少女文学全集』（川端康成ほか監修、小学館）に親しんだり、叔父に『三国志』（吉川英治著、講談社）や『水《すい》滸《こ》伝《でん》』（吉川幸次郎・清水茂訳、岩波書店）を読んでもらったり、私の傍らにはいつも文学がありました。自然の流れで学生時代は本の虫。詳しい内容は忘れても、頭ではなく心に蓄積されたものがあるような気がします。

ところで、日本の生命保険（生保）は、福沢諭吉《ふくざわゆきち》が欧州の近代保険制度を紹介したことに始まり、戦前は「徴兵保険」というものもありました。60年代に入ると、高度成長に乗って生保の普及は一気に進みます。私の祖母は、その頃に生保会社に勤め、大家族の家計の一端を担っていました。お客様に、「入っておいてよかった」と感謝される仕事だと祖母から聞いていたことは、私の人生に少なからず影響しています。

『物語《エピソード》で読み解くリスクと保険入門』は、祖母が働いた時代を始め、先に触れたような生保の歴史を伝えています。明治時代は「生命請合」と呼ばれ、「いくら出したら、命を延ばしてくれますか？」という問い合わせがあるほど国民の理解が浅かったこと。生保会社が株式会社主流から相互会社主流になった背景には、戦争の痛手から速やかに立ち直るための企業戦略があったこと。いろんな興味深い話があり、金融リスクの概念やリスクマネジメントの手法など、実用情報も充実しています。社員に推奨していますが、一般の方にも役立つ一冊だと思います。

次に紹介する**『東洋の帝王学　貞観政要《じょうがんせいよう》』**は、唐の第2代皇帝・太宗《たいそう》と臣下たちとの政治問答集で、北条政子《ほうじょうまさこ》や徳川家康《とくがわいえやす》が愛読したと言われています。私の心に響いたのは、「君は舟なり、人は水なり」という言葉です。人とは人民のことなのですが、私は「企業は舟なり、消費者は水なり」「社長は舟なり、社員は水なり」と、二通りの解釈をしています。顧客のニーズを読み、適切に対応していかなければ会社は転覆してしまうし、社員の声に耳を傾けなければ、舟の針路を誤ってしまうと。そのほかにも組織運営の参考になる格言が満載で、中国史としても読み応えがあります。

大先輩に教わった「逆耳払心《ぎゃくじふっしん》」の心得

『決定版 菜根譚《さいこんたん》』は、17世紀初めに洪自誠《こうじせい》が記した数々の人生訓が載っており、この中に「耳中常聞逆耳之言、心中常有払心之事、纔是進徳修行的砥石」という一文があります。「耳の痛い忠告を聞き、思い通りにならない出来事を抱えていてこそ人間は磨かれる」という意味です。私が初めて支社長職に就いた時、今は亡き新井正明《あらいまさあき》名誉会長に、この心得こそ大事だと教えられました。以来座右の銘とし、徳島支社長になった折には、最初の幹部会議で、「逆耳払心がモットー。遠慮なく本音を言ってほしい」と伝えました。すると翌日、リーダー格の支部長が話をしたいとやってきて、酒席も含めて7時間ほど付き合うことに（笑）。おかげで支社運営における貴重な意見を聞くことができました。「逆耳払心」は、今も変わらず肝に銘じています。

次は、**『後世への最大遺物　デンマルク国の話』**です。前題の「後世への最大遺物」は、著者の講話をまとめたもので、後世に残すべきものは「金」「事業」「思想」「勇ましい高尚なる生涯」であり、最後の一つは最大遺物だと説いています。例えば、偉い文学者の残した本は偉いものだが、その人の生涯に比べた時には小さい遺物であろうと。志を持って高尚な人生を歩みなさいということです。「デンマルク国の話」は、19世紀半ば、プロイセン王国に敗戦し、貧窮の極みに達したデンマークのため、工兵士官のダルガスが植林に尽くし、国土と国民の気力を復興させた様子がつづられています。大いに気持ちが奮い立つ題材で、試練の多い今の日本人に求められている精神のような気もしています。

よき企業資産を大切にし未来に向けて大胆な挑戦を

住友生命保険は、大手生保の中では新しいチャレンジに積極的な会社です。昨年の保険ショップ向け商品をメインとする「メディケア生命」の設立など、大きな決断をする時には本当にこの挑戦は正しいのかと迷うこともままありました。こうした時に背中を押してくれたのが、**『組織を変える〈常識〉――適応モデルで診断する』**です。

本書は、組織の種類を「鈍重型」「慎重型」「性急型」「試行型」に分類し、各象徴例として、旧日本軍、幕末日本、熊本藩の阿部一族、中国の経済改革を挙げます。それぞれ長所と短所があり、「鈍重型」は、不測の事態が一過性のものなら動じない強さを持つが、一過性でなかった場合に何の策も講じず失敗してしまう。「性急型」は、目測が当たれば先進的成功を収めるが、間違えばとんでもないミスを犯す。では、当社はどうあるべきか。明治創業の歴史にあぐらをかいて鈍重になってはいけないし、かといって性急に新興事業だけに傾倒するのも違う。私は、培ってきたノウハウを守りつつ挑戦し続ける「試行型」でいこうと思っています。

『物語《エピソード》で読み解く
リスクと保険入門』
(日本経済新聞出版社)
米山高生・著

保険の仕組みや機能、リスク概念など、生活者として備えておきたい基本的な知識を、身近なエピソードや歴史から数式などは一切用いずに学ぶおもしろ読本。生命保険初期の広告や保険証書など、史料写真も満載で楽しめる。

『東洋の帝王学 貞観政要』
(徳間書店)
呉兢・著　守屋洋・訳

唐の太宗(在位626～649年)と名臣たちとの政治問答集。中国における帝王学の教科書。創業の戦略戦術よりも、トップの座を維持するための「守成の心得」を示す。漢文、読み下し文に加え、現代解説文と企業に置き換えたヒントも満載。

『決定版 菜根譚』
(PHP研究所)
守屋洋・著

17世紀初めに中国の洪自誠が古典にある逸事や名言を抜き出し編集した『菜根譚』をもとに構成。儒教、仏教、道教の教えを融合し、処世の道を説く。「前集」と「後集」に分かれ、合わせて360の短文の中にさまざまな金言、格言を含む。

『後世への最大遺物
デンマルク国の話』
(岩波書店)
内村鑑三・著

著者の経験や東西先人の事例を引用しながら「勇ましい高尚なる生涯」の価値を伝える前題、植林によって富みを得たデンマークの人々の苦難の歴史を記し、「善き精神」「天然の無限的生産力」「信仰の実力」をたたえる後題の2編を収録。

『組織を変える〈常識〉
――適応モデルで診断する』
(中央公論新社)
遠田雄志・著
〈品切れ〉

組織が時代の流れに適切に対応し、長期存続・成長していくために、どうすれば古い常識を捨て去り、新しい常識を身に付けることができるのかを、「未練のハードル」「臆病ハードル」をもとに組織を四つに分類し、理想の姿を解明する。

さとう・よしお　1949年福岡県生まれ。73年九州大学法学部卒業。同年住友生命保険入社。91年茨木支社長。93年新宿営業本部営業副本部長兼新宿中央営業部長。94年新宿営業本部営業副本部長兼第1営業部長。95年徳島支社長。98年株式運用部長。99年証券投資部長。2000年本社総合法人本部長。同年取締役嘱本社総合法人本部長。02年常務取締役嘱常務執行役員。07年代表取締役社長(新聞掲載当時)。14年代表取締役会長。15年7月から取締役会長 代表執行役。

(2011年8月25日掲載　構成・高橋和子　撮影・星野章)

HIROTAKA SUGIYAMA

三菱地所
執行役社長

杉山博孝

ビジネスのヒントは歴史の中に

室生犀星《むろうさいせい》がつづる意外な詩人の素顔

高校時代は、大正から昭和初期の文人たちの作品を多く読みました。心理描写が淡々としていて押し付けがましくない作風が私の好みで、堀辰雄《ほりたつお》、立原道造《たちはらみちぞう》、福永武彦《ふくながたけひこ》などに傾倒しました。**『我が愛する詩人の伝記』**は、私が好きだった作家たちの日常が垣間見られる一冊です。「ふるさとは遠きにありて思ふもの　そして悲しくうたふもの」の詩で知られる室生犀星が、同時代の詩人を回想した伝記です。

犀星が詩の先生として慕った北原白秋《きたはらはくしゅう》、生涯の詩友とした萩原朔太郎《はぎわらさくたろう》、羨望《せんぼう》と嫉妬の対象であった高村光太郎《たかむらこうたろう》など11人を並べ、彼らの素顔を私的感情たっぷりにつづります。とりわけ、犀星と若い作家たちとの心の交流が印象的で、堀や立原も登場します。例えば、堀については、「この人は女の子だったのが間違って男の子に生まれたのではないかと、私はいつも同じ優しい瞬きを見せている堀を見て、そう思った」と書いています。犀星が軽井沢の家の離れに立原を泊めてやり、愛人と過ごさせてやったエピソードなどもほほ笑ましく読みました。

読書の魅力は、生身の自分が経験できないことを疑似体験できること。ただ、ビジネスに関することは、自らの環境に合わせてとことん考えることが大切だと思うので、ビジネス書はあまり読みません。好きなジャンルは推理小説で、海外の作家では、**『怪盗ルパン』**（榊原晃三訳、岩波書店）で知られるモーリス・ルブランや、**『Yの悲劇』**（鮎川信夫訳、東京創元社）のエラリー・クイーン、日本の作家では、江戸川乱歩《えどがわらんぽ》の諸作を好んで読みました。入社して10年くらいの頃に出会った傑作が、連城三紀彦《れんじょうみきひこ》さんの代表作**『戻り川心中』**です。大正期の天才歌人が起こした心中事件の真相を、歌人が詠んだ歌をちりばめながら解き明かしていきます。連城さんの作品は、練られたトリックと意外な結末もさることながら、事件や犯罪に至る動機にいつもうならされます。本作では、才の勝ち過ぎた歌人の苦悩が動機に深く絡んでおり、今までにないような推理小説の面白さを味わいました。

同じ頃、阿川弘之《あがわひろゆき》さんの**『井上成美《いのうえしげよし》』**を読みました。中でも心に残ったのは、海軍大将であった井上成美の人間性です。井上は、組織のやり方が間違っていると思えば遠慮なく物申し、海軍兵学校の校長時代には、英語教育を廃止せよとの声が高まる中でも、将来の日本を見通して英語を教え続けました。

戦後は公の場から身を引き、わずかな月謝で英語を教えてつつましく暮らしたといいます。確固たる信念を持ち、終生それを貫いた姿勢に感銘を受けました。誤りを正す人間がいない組織の末路は、多くの歴史が物語っています。ただ、井上は物言いがストレートすぎて、敵も多かったようです。そういう意味では、井上の信念を買って要職に就けた米内光政《よないみつまさ》も偉かったと思います。会社組織も、遠慮なく物を言える人間と、そうした人間を認められるリーダーが必要だと思います。

過去の失敗は未来への教訓

歴史小説も好きです。よく読んでいるのは宮城谷昌光《みやぎたにまさみつ》さん。中国史では、春秋五覇の一人、晋《しん》の文公《ぶんこう》の生涯を描いた『重耳《ちょうじ》』が心に残っています。文公、別名・重耳は、晋の公子であったにもかかわらず、継母の陰謀により国を追われ、20年近く諸国を流浪しました。その間、飢えに苦しむこともあれば、頼った国に辱めを受けることもあった。ようやく帰国を果たし、君主の座についた時には60歳を過ぎていたといいますから、その辛抱強さには驚くばかりです。重耳が君主になり得たのは、有能な家臣たちの働きがあったからだと読みながら思いましたが、家臣の助言を受け入れる重耳の素直さ、懐の深さも印象的でした。

最後は、**『失敗の本質――日本軍の組織論的研究』**です。15年ほど前、グループ企画部長になった頃に、評判のいい本だと聞き、興味を持って手に取りました。日本軍の長期的視点の乏しさ、自己認識の甘さ、中央と現場をつなぐ情報網の脆弱《ぜいじゃく》さ、環境適応能力の欠如……。本書の指摘はいちいちもっともで、日本軍が抱えた問題は、現代日本の企業組織が抱える問題にも通じます。過去の失敗は、未来への大いなる教訓です。

私は、ビジネス書やハウツー本は、書評などに目を通せば十分というタイプですが、こうした戦史や歴史小説を通じて、ビジネスのヒントをもらっています。

SUGIYAMA'S RECOMENDED BOOKS

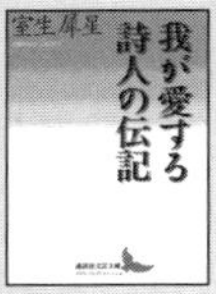

『我が愛する詩人の伝記』
（講談社）
室生犀星・著

昭和初期に活躍した室生犀星が、交流のあった白秋、朔太郎、藤村、暮鳥、迢空など詩人たちの代表作を紹介しながら、その素顔や暮らし振りを紹介。

『戻り川心中』
（光文社）
連城三紀彦・著

歌に秘められた男の野望と道連れにされる女の哀れを描いた表題作を始め、花にまつわるミステリー5作品を収載。表題作は日本推理作家協会賞受賞。

『井上成美』
（新潮社）
阿川弘之・著

一億総玉砕だけは避けねばならぬ。孤高にして清貧。日米開戦を強行に反対した、最後の海軍大将の反骨心あふれる生涯をつづる。著者のライフワーク作。

『重耳』全3巻
（講談社）
宮城谷昌光・著

父の命を受けて大功を立てた重耳の前に、陰謀をはらむ継母・驪姫が立ちはだかる。真の王者を目指し、生死の境をゆく名将、名臣たちの深謀遠慮を描く。

『失敗の本質
──日本軍の組織論的研究』
（中央公論新社）
戸部良一、寺本義也、
鎌田伸一ほか・著

ノモンハン事件、ミッドウェー作戦、ガダルカナル作戦、インパール作戦、レイテ海戦、沖縄戦における日本軍の組織特性を分析、失敗の本質を指摘する。

すぎやま・ひろたか　1949年東京都生まれ。一橋大学経済学部卒。74年三菱地所入社。経理部、宅地開発部、人事部、総務部、企画管理本部などを経て、2007年取締役常務執行役員。10年専務執行役員。11年4月取締役社長（新聞掲載当時）。16年6月から執行役社長。

（2015年12月27日掲載　構成・高橋和子　撮影・合田和弘）

LEADERS AS READER

SHINGO TSUJI

森ビル
代表取締役社長

辻 慎吾

経営において大切にしたい「人の力」を本で再確認

六本木ヒルズの仕事にヒント

父が大変な読書家で、我が家は書店かと思うほどにたくさんの本がありました。最近の読書スタイルは、まとめ読み。知りたいと思ったことに関する本を手当たり次第に数冊買って、一気に読みます。興味を満たしたい時に頼れるのが本です。

読書家の父から読むように薦められたのは、主に政治や外交の本です。父は海軍兵学校を経て自衛隊に進んだ人で、山本五十六《やまもといそろく》など戦時の指揮官の伝記本も薦められました。大事における政治家や指揮官の采配に、子供なりに関心を持った記憶があります。社会人になると、仕事に直結するマネジメントやブランディングの本を読むようになりました。P・F・ドラッカーの著書に最初に触れたのは、六本木の再開発事業に当たっていた頃です。森ビル社員、地権者、外部の設計者など、立場が違う人々の意見をまとめる仕事に際して役立つ部分が多く、**『創造する経営者』『現代の経営』**(いずれもダイヤモンド社)など次々と読んでいきました。中でも**『経営者の条件』**は、成果を上げるための必要項目が整理され、「人事において重要なことは、弱みを最小限に抑えることではなく強みを最大限に発揮させることである」という考え方など、とても参考になりました。読み返すごとに発見があり、経営者のみならず、仕事を持つ全ての人が自分のこととして捉えられる内容だと思います。

『建築行脚』は、建築科で学んでいた時に親しんだ本で、学生にとっては高価だったので、専ら大学の図書館でページを繰り、磯崎新《いそざきあらた》さんの鮮やかな建築評論、篠山紀信《しのやまきしん》さんの迫力ある写真に魅了されました。僕は子どもの頃から写真が趣味で、特に風景や建築を撮るのが好きでした。次第に街や建築そのものに興味を持つようになり、森ビルに入社したのです。六本木ヒルズ開業3周年を記念して制作したヒルズの写真集は、篠山さんの撮影によるもので、携わった仕事を篠山さんの写真で眺めた時の感慨はひとしおでした。

基礎があってこそ創造できる「重軽」への憧れ

『いい加減　よい加減』は、著者・野村万之丞《のむらまんのじょう》さんの感性が光ります。例えば万之丞さんのご祖父・万《まん》蔵《ぞう》さんについての話。芸一筋の真面目な「おもおも（重重）」の万蔵さんが、60歳を過ぎて洒脱《しゃだつ》さを身に付け、重いものを軽く演じることができる「重がる（重軽）」へと変わっていったそうで、「ピカソじゃないけれど、新しい芸術へと進んでゆくその過程には必ずしっかりとした基礎があり、そこを突き抜けてこそ軽いものに到達できるんじゃないのかな」と続きます。難しいからこそ憧れる生き方です。万之丞さんは、六本木ヒルズの「文化都心」構想に有益な助言をくれた方で、彼こそ「重軽」で「いい加減　よい加減」の人でした。六本木ヒルズがアテネ五輪の聖火リレーの休憩所となった際は、万之丞さんが文献から発掘し現代によみがえらせた「真伎楽」や「大田楽」を披露してくださいました。病で亡くなる3日前のことです。44歳の若さで稀有《けう》な才能が逝ってしまったのは本当に残念ですが、しっかりとした基礎をもとに新たな文化の創造を目指した彼の精神は、大いなる理想として僕の心に生き続けています。

次は、**『神の雫』**です。僕は、食い道楽で飲み道楽。ワインは生産地やワイナリーの知識があるとより楽しめると思い、いろんな〝薀蓄《うんちく》本〟を手に取りましたが、分かりやすさと面白さで言えば『神の雫』でした。ワインの描写が絵においても言葉においても巧みで、登場したワインを買って試すこともしばしばです。ワインの本場であるフランスを始め世界中で支持されているのも納得の、日本のマンガ文化の奥深さを感じる作品です。

森ビルの思想が詰まった社員と共有したい一冊

最後に紹介するのは、森稔《もりみのる》・森ビル会長（当時、故人）の著者**『ヒルズ　挑戦する都市』**です。僕が社長として果たすべき第一の使命は、森ビル、森会長の街づくりの思想を受け継ぎ、発展させることです。「トップの『信念』や『夢』、それを形にした『企業理念』、そして道を踏み外さないための『企業倫理』がしっかりしていないと、会社は伸び続けることはできない」「前例がないことは障害も多く、乗り越えるには大変なエネルギーが要る。そうしたときに出るエネルギーの量は、目標の高さ、夢の大きさに比例するように思う」「さまざまなタイプの取り合わせによっていいチームワークができていく。だから、誰もが何かの役に立っている」など、森会長の思想がつづられた本書の内容は、自分が目指す方向であり、森ビル全社員にとってもそうあってほしいと思います。ドラッカーは人の強みを最大限に発揮させることの重要性を説きましたが、森会長も人の才能を生かすことが肝要だと本書の中で述べています。自分も経営においてまず大切にしたいのは「人」で、目標を高く持ち、エネルギーを持って実行していける人材を育てていきたいと思っています。

TSUJI'S RECOMENDED BOOKS

『ドラッカー名著集1
経営者の条件』
（ダイヤモンド社）
P・F・ドラッカー・著
上田惇生・訳

組織の全員がエグゼクティブ（＝組織の業績に貢献すべく行動し、意思決定を行う責任を持つ人）のように働くべきこと、成果を上げるため、成果を上げる能力を習得するために自らをマネジメントする方法などを説く、万人のための帝王学。

『建築行脚』全12巻
（六耀社）
磯崎新・著　篠山紀信・撮影
〈品切れ〉

カルナック神殿、アクロポリス、シャルトル大聖堂、サン・ロレンツォ聖堂、サー・ジョン・ソーン美術館、クライスラー・ビルなど各時代の精神を反映する代表的建築を磯崎新の解説、篠山紀信の写真とともに紹介。カラー図版が満載。

『いい加減 よい加減』
（アクセス・パブリッシング）
野村万之丞・著

300年の歴史を持つ加賀藩お抱えの狂言師、野村万蔵家の嫡男（ちゃくなん）で総合芸術家の著者が、日本文化の持つ良さ「いい加減だけど、よい加減」について、多彩なテーマと自身の人生論を絡めてつづるエッセー本。

『神の雫』全44巻
（講談社）
亜樹直・作　オキモト・シュウ・画

イメージを駆使したワイン表現は、ワイン愛好家を始め生産者や業界関係者からも高い支持を得る。ワイン評論家が残した時価20億円を超えるワインコレクションをめぐる対決に、実子の神咲雫と養子の遠峰一青が挑む物語。

『ヒルズ 挑戦する都市』
（朝日新聞出版）
森稔・著
〈品切れ〉

「職住近接」「立体緑園都市」「災害時に逃げ出す街から逃げ込む街へ」「土地で儲（もう）けようとしたことはない。創り出した建物や街の価値で勝負してきた」など、著者の街づくりの思想、森ビルの挑戦の歴史を伝える。

つじ・しんご　1960年広島県生まれ。85年横浜国立大学大学院工学研究科建築学専攻修了。同年森ビル入社。99年六本木六丁目再開発事業推進本部計画担当課長。2001年タウンマネジメント準備室担当部長。05年六本木ヒルズ運営室長兼タウンマネジメント室長。06年取締役 六本木ヒルズ運営室長兼タウンマネジメント室長。08年常務取締役 中国事業本部タウンマネジメント部長兼務。09年1月常務取締役 営業本部長代行兼務。12月取締役副社長。11年6月から代表取締役社長。

（2011年7月26日掲載　構成・高橋和子　撮影・星野章）

KOJI NAKAO

テルモ
顧問

中尾浩治

読書の妙味は仕事と同じ。自分にない価値観との出会い

若き日に刺激を受けた言葉の数々

本を熱心に読み始めたのは、大学に入ってからです。もともと音楽青年で、大学2年の終わり頃まではジャズ演奏に打ち込む日々でした。そんな私に友人が「そろそろ本でも読んで勉強したほうがいい」と助言してくれて（笑）、書店に足を運ぶようになりました。当時の新刊本で目を引いたのは、吉本隆《よしもとたか》明《あき》氏の**『共同幻想論』**です。吉本氏は全共闘世代の教祖的な存在でしたが、学生運動に熱心でなかった

私が興味を持ったのは、彼の思想というよりは、「共同幻想」という耳慣れない言葉でした。本書は、国家とは人間の共同の幻想である。風俗や宗教や法もまた共同の幻想である、という概念のもと、国家が成立する以前の様々な「幻想」について、『遠野物語』や『古事記』を手掛かりに考察していきます。深遠な内容を読み解けたとは今も思っていませんが、「概念」を提示することの意義に気付かされたと同時に、さすがは詩人という独特の言葉回しに魅了されました。

『仕事（ワーキング）！』は、1972年にアメリカで出版され、話題を呼びました。大学教授、石工、経営者、売春婦、理髪店など、様々な職業の人々が、自分の仕事や仕事にまつわる人間関係について語ったインタビュー集です。ラジオのDJなどで活躍した著者が、赤裸々な本音を見事に引き出しています。ちょうど刊行時にアメリカに駐在していた私は、本書を通してあの国の社会構造やアメリカ人の仕事観を知りました。口語体の臨場感ある文章で、英語の原書でしたが、一気に読んだのを覚えています。

これぞ欧米人の神髄、シャクルトンの冒険物語

『エンデュアランス号漂流』は、1914年、イギリス人探検家・アーネスト・シャクルトンを隊長とする28人の隊員が南極大陸横断に挑戦し、「エンデュアランス号」の座礁後、過酷な漂流生活を経て17カ月後に全員生還を果たした実話です。読んだのは日本で刊行されてすぐの98年ごろだったと記憶していますが、海外の友人に聞くと、「欧米では50年代に出版された本で、誰でも知っている物語だ」と言われました。そして、この本に対する多くの評価は、「シャクルトンに見るリーダーシップ論」だとも

言われました。確かにその一面もありますが、私が注目したのは、「欧米人に見るアーカイブの価値観」とでも言いましょうか。寒さと飢えで生きるか死ぬかという状況下で、何人もの隊員が日記を付け、写真を撮り、絵を描き、旅の記録を取り続けた事実に感心しました。その行為あってこその生々しく貴重な記録で、医師の隊員が凍傷で壊死《えし》した仲間の足先を粗末な器具で手術する描写などを息を詰めながら読みました。

次は、NHK「にんげんドキュメント」で特集された内容を書籍化した**『介護もアート――折元立身《おりもとたつみ》パフォーマンスアート』**です。パフォーマンスアーティストの折元立身さんが、アルツハイマーの母親・男代《おだい》さんの介護をしながら創作活動を続け、介護生活そのものがアートになっている日々を伝えています。巻頭に折元さんの作品写真が載っているのですが、彼が制作した巨大な靴を履いて立つ男代さんの堂々たる姿に目が釘付けになりました。私は現代アートが好きで、郷里の尾道市からフェリーで渡る百島《ももしま》で、仲間と一緒に現代美術のアートベースをボランティアで運営しています。そんなこともあって、折元さんの芸術に懸ける熱意や、親子愛から生まれたユニークな作品群に大変感銘を受けました。

社員に見習ってほしい貪欲《どんよく》に学ぶ姿勢

最後は、昨秋発行された**『督促OL　修行日記』**です。新卒で信販会社に就職し、支払い停滞顧客への督促を行うコールセンターに配属された著者が、ストレスの多い職場で独自のメソッドを開発し、トップクラスの回収成績を上げるまでの軌跡をつづります。債務者に雑言を浴びせられ、心も体もボロボロになりながら、「交渉スキルがないなら、電話を掛ける件数を増やそう」「相手に言い負けてしまうオペレーターは、足元が落ち着いていないことが多い。足をつねったり、踏ん張ったりすると、怒鳴られたショックが解ける」「理不尽な雑言をノートにコレクションして楽しんでいる同僚を見習おう」などと、周囲の人を観察してささいなことでも吸収できることを探し、日々新しい工夫をしながら前向きに課題解決に当たっていく。そんな著者の姿勢には、見習うことがたくさんあります。彼女のような心意気の社員がテルモにも増えてほしい、増やしていきたいと思いました。著名な経営書にも劣らない、ビジネスの大事なエッセンスが詰まった本です。

本は、先入観を持たずに読み、新鮮な発見を楽しみたい。ですから本選びは専ら書店です。書棚をざっと見渡し、タイトルがピンと心に響いたものを手に取っています。

NAKAO'S RECOMENDED BOOKS

『改訂新版 共同幻想論』
（KADOKAWA／角川学芸出版）
吉本隆明・著

昨年（2012年）87歳で生涯を閉じた知の巨人、吉本隆明氏の代表作。共同幻想（国家や法）、対幻想（家族や男女の関係）、自己幻想（芸術や文学）という三つの概念を軸に、それらの相互関係の考察によって「国家とは何か」の究明を試みる。

『仕事（ワーキング）！』
（晶文社）
スタッズ・ターケル・著
中山容ほか・訳
〈品切れ〉

新聞配達、農家、受付係、俳優、ごみ回収、警官、バス運転手、歯科医……。115の職業、133人の人々が、仕事の厳しさややりがいについて語り尽くす。人種問題や雇用問題など、1970年代前後のアメリカ社会の実態も透けて見える。

『エンデュアランス号漂流』
（新潮社）
アルフレッド・ランシング・著
山本光伸・訳
〈絶版〉

南極大陸に挑戦したイギリス人探検家・シャクルトン。船が氷に圧迫されて破壊されていく恐怖、寒さ、食料不足、疲労、人間関係のストレス、病気など、絶え間なく続く苦しみに耐え、奇跡の生還を果たした隊員28人の過酷な旅の全容。

『介護もアート──折元立身パフォーマンスアート』
（KTC中央出版）
NHK「にんげんドキュメント」制作班＋KTC中央出版・編

アルツハイマーとうつ病の母と二人暮らしをするアーティストの折元立身氏。介護そのものをアートにしてしまう「アートママ」シリーズは、世界的に高い評価を受けている。創作の様子や、温かな愛に満ちた母と息子の日常をつづる。

『督促OL 修行日記』
（文藝春秋）
榎本まみ・著

内気で話し下手の新卒OLが、信販会社の督促部署に配属。債務者に怒鳴られ、脅され、同僚が心を病んで次々と辞めていく中、年間2000億円の債権を回収するスゴ腕OLに成長していく。ストレスフルな仕事への対処法を伝授。

なかお・こうじ　1947年広島県生まれ。70年慶應義塾大学法学部卒。同年テルモ入社。95年取締役、社長室長。97年経営企画室長。2002年取締役常務執行役員。06年米・テルモメディカル社会長兼CEO。07年取締役専務執行役員。10年取締役副社長執行役員。11年5月代表取締役会長（新聞掲載当時）。16年4月取締役顧問。同年6月から顧問。13年4月から日本医療機器産業連合会会長。

（2013年1月24日掲載　構成・高橋和子　撮影・星野章）

OSAMU NAGAYAMA

中外製薬
代表取締役会長兼CEO
永山 治

先人の時を超えた教えに、人の道、経営の道を学ぶ

我が永遠の「独立自尊」精神

私は大学の卒論テーマが海洋開発だったのですが、記憶をたどると、海に対する憧れは子どもの頃から強かった気がします。胸をときめかせた本も、**『ロビンソン・クルーソー』**（平井正穂訳、岩波書店）や**『宝島』**（村上博基訳、光文社）のような海洋ものでした。また改めて愛読書を振り返って思い至ったのは、海への思いとともに、日本の〝曙《あけぼの》の時代〟に海を渡り、海外での実体験を糧に日本の発展に尽く

した人物を、自分が敬愛していることです。

高校時代に特に影響を受けた一冊は、小田実《おだまこと》の**『何でも見てやろう』**（講談社）です。わずかなお金を手に世界を放浪する姿に、「よし、自分もこれでいこう」と、高校の卒業式を待たずにドイツの貨物船で欧州に渡り、一年間留学をしました。イギリスの語学学校が休みの時に、リュックを背負ってヒッチハイクをしながらピレネーを足で越えたのは忘れられない思い出です。

イギリスには、「ギャップイヤー」という制度があります。これは大学に進む前に世界で見聞を広めたり、インターンシップやボランティアなどを体験したりして自分の人生の目的を探し出そうとするものです。日本では高校、大学と寄り道をせず、4月1日にストレートに企業に入るのが優秀な人材と思われる傾向がありますが、海外では社会的なリンクや異種体験を持っている人のほうが、むしろバリューが高いと評価されます。日本もそうなるべきだと私は思いますし、制度としてそういった意欲を持つ若者をサポートする社会を目指すべきです。

『学問のすゝめ』は今も新鮮にして実践的

私の人生で最も大切な一冊であり、今も折々にページを開いているのは、福沢諭吉《ふくざわゆきち》の**『学問のすゝめ』**です。私は慶應義塾大学出身ですから、自然と福沢諭吉の教えに対して関心を抱いてきました。しかしこれは母校愛から言うのではなく、福沢諭吉の教えは今も非常に新鮮で、今の企業経営や政治経済の指針にそのままなるものだと思います。

例えば福沢諭吉は「独立自尊」ということを言っていますが、これは国民一人ひとりが自分で考え、自分の意見を言い、責任を持ち実行するということに通じます。官に頼らず、民の力で国を引っ張っていくのは、今日の日本でも大きなテーマです。しかし今も多くの日本人は人前で意見を主張するのが不得意で、これがグローバル社会において日本の大きな損失となっていると思います。

また、津本陽《つもとよう》さんが高橋是清《たかはしこれきよ》の生涯を描いた**『生を踏んで恐れず――高橋是清の生涯』**（幻冬舎）には、物事に筋を通すことの大切さを教えられました。この本の白眉《はくび》は、高橋が日露戦争の戦費調達のため、欧米で外債募集に奔走するエピソードでしょう。イギリスの金融市場には当時から引き受け業務が発達し、日本がロシアに勝てるはずがないという風評の中でも、国の信用力や世界情勢を見極め、リスクを取る銀行家がいました。ただし最終的な決断は、彼らは日本国代表としての高橋ではなく、彼自身の人物を見て、日本の国債を引き受けたのだと私は思います。その将来を見通す力と人物を見る目において、日本の金融業にはいまだ未熟な部分があるのかもしれません。

次代を背負う若者たちに伝えたい白洲次郎《しらすじろう》の業績

近年の本の中では、北康利《きたやすとし》さんの**『白洲次郎　占領を背負った男』**は若い世代にも読んでもらいたい本です。白洲さんと私の父はワーキングパートナーであった時期があり、私も子どもの頃から存じ上げていて、イギリス留学も応援してくれました。

とはいえ、白洲さんがＧＨＱ（連合国軍総司令部）を相手に日本国憲法の成立に全精力を傾けていた頃、私は幼少でしたし、後年、いろいろとご指導いただくようになってからも、戦後の体験についてはあまり多くを語られませんでした。白洲さんの業績を知る人が減り、一方で彼の外見的な格好良さにばかり光が当たる風潮に不満が募っていたとき、登場したのが本書でした。吉田茂《よしだしげる》と組み、彼が何をしたのか。それを体系的な記録として知ることができます。

白洲さんには、「面と向かって反論せずに仲間内でこそこそ不満を言ったり、組織の看板に頼って仕事をするようなことはするな」そして「何かやろうとする場合は、自分で考え抜いて実行しろ」とよく言われました。今振り返ると、白洲さんの発想には福沢諭吉と共通するものがあったように思います。

世界に目を向けた先人に日本のこれからを学ぶ

日本の技術力や人的資源を新薬の製品化に結び付け、国際競争力へと育てるには、大局的な見地に立った規制緩和が必要です。その思いをさらに強くさせたのが、幕臣という旧体制に身を置きながら、長崎で蘭方医学を学び、その普及に尽力した医師、松本良順《まつもとりょうじゅん》の生涯を描いた**『暁の旅人』**でした。

例えばこの本には、当時はタブーとされていた死体の解剖を白い目で見る周囲を、粘り強く説き伏せながら実現させた逸話が登場します。当時最先端だったオランダ医学が人々の命を救うことを信じ、邁《まい》進《しん》する姿が感動的です。良順が西洋医学に対して日本の門戸を開いたように、今日の日本の医療行政も世界に門戸を開く時ではないでしょうか。日本の少子高齢化は今後さらに進みます。将来も日本が経済大国として世界で重きを持つためには、先人に恥ずかしくない変革が必要だと思います。

『学問のすゝめ』
（岩波書店）
福沢諭吉・著

「天は人の上に人を造らず人の下に人を造らずと言えり」の冒頭で知られる、福沢諭吉の啓発書。「福沢諭吉の教えを読み返すたびに、『君たちは何をやっとるか』という叱咤が聞こえてくるようです」

**『白洲次郎
占領を背負った男』**
（講談社）
北康利・著

英国留学で紳士の流儀を重んじる生き方に磨きを掛け、戦後は吉田茂の側近として日本国憲法の制定、通商産業省の創設などに大きく関与しながら表舞台に立つことが極めてまれだった白洲次郎の評伝。

『暁の旅人』
（講談社）
吉村昭・著

オランダの医官ポンペから実証的な西洋医学を日本人として初めて学び、動乱の幕末、明治維新期に近代医療に命を懸けた松本良順の史伝的小説。新撰組土方歳三や会津藩士らとの交流など、興味深い逸話が尽きない。

『論語と算盤』
（国書刊行会）
渋沢栄一・著

利益と公共性との融和という今日の企業経営にとっても不可避の課題に、渋沢が儒教の古典から知恵を授ける訓話集。「経営には道理と信義がなくてはいけないというのが、渋沢さんの一番おっしゃりたいところでしょう」

**『大学の教育力
——何を教え、学ぶか』**
（筑摩書房）
金子元久・著

高等教育の歴史的変遷や大学教育の問題点を網羅的に検証。「現在の教育に最も重要なのは方法論ではなく、どういう人間を育てるのかという大本の方針。それを考えるベースとなり得る書です」

ながやま・おさむ　1947年生まれ。71年慶應義塾大学商学部卒業。同年株式会社日本長期信用銀行入行。78年中外製薬株式会社入社。92年代表取締役社長就任（新聞掲載当時）。また、98年〜2004年まで日本製薬工業協会会長。12年3月から代表取締役会長最高経営責任者（現任）。ロシュ拡大経営委員会委員（06年〜）、公益財団法人東京生化学研究会理事長（同年〜）、一般財団法人バイオインダストリー協会理事長（09年〜）、ソニー株式会社社外取締役（10年〜）、同社取締役会議長（13年〜）。

（2009年6月8日掲載　構成・松身茂　撮影・星野章）

ICHIRO NAMAI

阪急交通社
代表取締役会長

生井一郎

本は友。新聞を開いても、つい出版広告に目が行く

旅を読書で追想する楽しさ

仕事で帰りが遅くなっても、お酒が入っていても、本を読んでからでないと眠れません。年を取った今は無理ですが、昔は枕元に5冊くらい置いて、並行して読み進めるなんていう芸当もやっていました。

好きなのは歴史物。大学では世界史を学び、卒業して入社後、日本史にも興味を持つようになりました。

歴史本の中でも特に興味を引かれるのは、欧州史です。入社5年の1976年に欧州での短期駐在を経験したことも関係しています。その前年のクリスマスからカトリック教会の「聖年」に当たり、日本の信者が欧州の聖地を巡るツアーなどに添乗し、カトリック文化の奥深さを知ったのです。お客様の中には、70年代に読んで衝撃を受け、バイブル代わりにした**『「甘え」の構造』**の著者で精神科医の故・土居健郎《どいたけお》さんもおられました。

『ヴェネツィア帝国への旅』は、13世紀初頭、十字軍のコンスタンティノープル攻略を機にエーゲ海沿岸まで支配を広げたヴェネツィア帝国が、オスマントルコとの攻防で次第に植民地を失い、ナポレオンに占領されて終焉《しゅうえん》を迎える18世紀末までの歴史をつづります。トルコのイスタンブール、ギリシャのクレタ島、クロアチアのドブロブニクなど、帝国の旧領は今や有数の観光名所で、クルーズで巡る旅も人気です。「地図に沿って話を進めるという意味では旅の書であるが、そこでは時間と空間が自在に交錯する」と著者が語るように、例えばクレタは、「ヴェネツィアは、クレタ人の肉体を抑圧したかもしれないが、精神と芸術を庇護《ひご》し、その変則的な庇護のもと、ビザンティンの想像力をいま一度花咲かせた」と描写。今に残る壁画について「巨大な聖書が小さく破られて、島中にばらまかれたかのように、田舎の小さな教会に気前よく描かれている」と伝えます。帝国にまつわる各地を訪ねた方は、きっと面白く読めると思います。教会文化を学ぶのに役立った和辻哲郎《わつじてつろう》さんの著書**『イタリア古寺巡礼』**(岩波書店)も併せて紹介しておきます。

海外企業の思想史や成功物語に一読の価値

次は、最近続けて読んだ3冊です。**『プレミアム戦略』**は、本物や上質を選択する生産・消費、すなわち「プレミアム」の希求こそが成熟消費社会の大切な価値観であると説きます。「欲望の質」が高い消費者と需要があり、商品を生み出す技術を持ちながら、「日本発のプレミアム」が生まれにくい最大要因は、作り手の「欲望の質」の低さであるという指摘には、大いに同感しました。プレミアム商品の醸成には時間が掛かり、醸成期の利益はゼロどころか、マイナスもあり得るでしょう。ただ、リスクがあっても挑戦していくべき課題で、旅行業も例外ではないと思いました。

『フォーシーズンズ——世界最高級ホテルチェーンをこうしてつくった』は、フォーシーズンズホテルの創業者で会長のイザドア・シャープ氏の自伝です。ホテル事業の成功のカギは、一にも二にもロケーションと言われてきましたが、彼は、現場で働く人の質を第一に掲げます。どの国においても提供するサービスの価値を変えず、決して価格を落とさない手法は際立ち、彼こそ「プレミアム」の希求を極めた人物と言えるでしょう。ユダヤ系移民の子として育ち、父とともに建築現場で働いた過去や、仕事の人間関係などもつづられ、シャープ氏の人柄もうかがえる一冊です。

『ミシュラン　三つ星と世界戦略』は、家族経営のタイヤメーカーがレストランの格付けガイドを生み出した背景などを明かします。ミシュランの評価はフランス料理に限定するべきだというのが私の持論ですが、日本版出版の背景に触れた項もあります。ヨーロッパ短期駐在時、オフタイムにレストランの食べ歩きを楽しんだことなども思い出しながら読みました。

司馬遼太郎《しばりょうたろう》作品の周辺の事実も面白い

『文藝春秋にみる「坂の上の雲」とその時代』は、**『坂の上の雲』**で描かれたさまざまな事象を、生々しくかつ客観的に捉えていきます。司馬遼太郎さんのインタビュー、秋山好古《あきやまよしふる》・真之《さねゆき》兄弟や広瀬武夫《ひろせたけお》など軍人たちの人物論、日本海海戦や旅順攻囲戦に参加した兵士たちの証言、バルチック艦隊の幕僚が妻に送った手紙などが続き、「日露戦争をやった人々には、江戸期がつくり上げた人間の精神的な一つの美のようなものがある」「勝ったあと非常に国家が変質していく」という「司馬史観」を裏付ける内容のほか、乃木希典《のぎまれすけ》の人物評などには、『坂の上の雲』とは違った切り口も見られます。姉妹版の**『文藝春秋にみる坂本龍馬と幕末維新』**、さらに、司馬さんの語りをまとめた**『「明治」という国家』**（日本放送出版協会）も良書で、この3冊は若い人が読むといいと思います。また、『文藝春秋にみる「坂の上の雲」とその時代』に、軍艦「三笠」の保存運動に寄与した人物として、昭和初期に慶應義塾長を務めた小泉信三《こいずみしんぞう》氏が登場します。小泉氏が太平洋戦争で戦死した息子をしのんで著した**『海軍主計大尉小泉信吉』**（文藝春秋）は、父子愛が胸を打つ感動の書で、これもお薦めです。

NAMAI'S RECOMENDED BOOKS

『ヴェネツィア帝国への旅』
（講談社）
ジャン・モリス・著
椋田直子・訳

経済力を武器に地中海各地に拠点を置き、コンスタンティノープルにおいて十字軍を戦わせ、ビザンティンの支配を転覆させた海洋帝国ヴェネツィア。エーゲ海の島々を舞台とした強敵オスマントルコとの攻防史などを鮮やかに描く紀行文学。

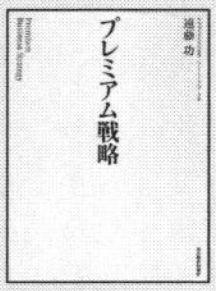

『プレミアム戦略』
（東洋経済新報社）
遠藤功・著
〈品切れ〉

日本経済を支えてきた大量生産・大量消費思想と対照的な「プレミアム」について分析。ポルシェ、カルティエといった海外ブランドや、トヨタ「レクサス」、サントリー「ザ・プレミアム・モルツ」など「日本発プレミアム」の例も掲載。

『フォーシーズンズ
――世界最高級ホテルチェーンをこうしてつくった』
（文藝春秋）
イザドア・シャープ・著
三角和代・訳

世界で初めてバスルームにシャンプーを常備、24時間ルームサービスやコンシェルジュを導入するなど徹底して顧客の立場に立ち、従業員を大事にするホテル経営者が、ビジネス哲学を建設業者時代からの豊富なエピソードを交えて語る。

『ミシュラン
三つ星と世界戦略』
（新潮社）
国末憲人・著

フランスの地方企業が発行する「ミシュランガイド」を巡るシェフの一喜一憂や、調査員の素顔、格付けの思想史、同族支配の歩みと終焉（しゅうえん）、ガイド発行国を増やした理由などについて、関係者への徹底取材をもとに解明。

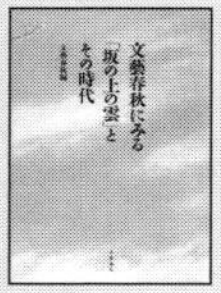

『文藝春秋にみる
「坂の上の雲」とその時代』
（文藝春秋）
文藝春秋・編

司馬遼太郎、伊藤正徳、吉村昭、島田謹二など豪華な顔ぶれによる歴史エッセーや、軍人たちの証言、秋山真之子息の回想記、海軍中将と清水の次郎長との交流話など、1935 ～ 72年までの『文藝春秋』諸号とその僚誌に掲載された記事を編集。

なまい・いちろう　1947年東京都生まれ。71年慶應義塾大学文学部卒。同年阪急交通社入社。76年マドリード、ローマ、パリなど欧州に短期駐在。99年西日本主催旅行営業部長としてメディア販売の責任者となる。2000年取締役。02年常務執行役員。06年専務執行役員。08年副社長。10年4月代表取締役社長（新聞掲載当時）。14年4月から代表取締役会長。13年6月から阪急阪神ホールディングス取締役を兼務。

（2012年2月20日掲載　構成・高橋和子　撮影・星野章）

LEADERS AS READER

YOSHIAKI NISHIMURA

住友理工
代表取締役会長兼CEO

西村義明

読書せずして成長はない

娯楽にとどまらない読書のだいご味を知る

中学時代に腎臓炎を患い、1年ほど療養生活を送りました。唯一の娯楽は読書で、偉人伝、冒険小説、推理小説などを夢中で読みました。高校時代は夏目漱石《なつめそうせき》などの文学作品に親しみ、10代の終わりには、娯楽にとどまらない読書の醍醐《だいご》味を知りました。きっかけは、浪人時代に予備校の先生に薦められた**『日本の歴史』**です。学校の授業ではほとんど教わらなかった、生産力の発展をベースとしたダイナミックで一貫した歴史の流れについて理解が深まり、物の見方が広がりました。さらに大学に入って経済学部でヘーゲルやマルクスを学ぶ中で、本書が唯物史観に基づいて書かれていることに気が付きました。「生産力が発展し、生産諸関係との間に矛盾が生じると社会は変革される」「下部構造（経済構造）が上部構造（政治・法制・思想）を規定する」といった考え方です。初版は60年代で、その後のソ連の崩壊や、**『坂の上の雲』**（司馬遼太郎著、文藝春秋）的な歴史観に触れた上で読み返すと、やや疑問に思う部分もありますが、若き日の記憶に色濃く残る書です。

　大学卒業後は住友電気工業に入社し、7年前（2008年）にグループ会社の東海ゴム工業に移って経営を担い、昨秋（2014年）には社名変更を行いました。「信用を重んじ確実を旨《むね》とし、以《もっ》てその鞏《きょう》固隆盛《こりゅうせい》を期すべし」「時勢の変遷、理財の得失を計《はか》り、弛張興廃《しちょうこうはい》することあるべしと雖《いえど》も、苟《いやしく》も浮利《ふり》に趨《はし》り、軽進《けいしん》すべからず」。これは入社以来たたき込まれてきた住友の事業精神です。**『住友の大番頭　伊庭貞剛《いばていごう》』**は、その手本を示した第2代住友総理事の生涯をつづります。伊庭貞剛は「浮利を追わず」を信条とし、別子銅山の煙害問題の解決や植林事業など、早くからCSR（企業の社会的責任）に取り組みました。「事業の進歩発達に最も害するものは、青年の過失ではなくて、老人の跋扈《ばっこ》である」という教訓も残しています。社名に住友の名を冠した今こそ、伊庭貞剛が体現した事業精神の再確認が重要で、社員にもそう伝えています。

『トヨタ対VW《フォルクスワーゲン》――2020年の覇者をめざす最強企業』は、自動車メーカーの二大巨頭の世界戦略を中心に、自動車生産の最前線事例を紹介しています。特に注目したのは、互換性の高い設計構造と部品の共通化によるグローバルな製造体制が、未来の潮流になるという指摘です。それは、全世界で高品質で最適な価格の自動車部品を開発・供給する「グローバル・メガ・サプライヤー」を目指す当社の活動を後押しする内容で、我が意を得たり、という思いで読みました。

興味と照らして読んだ話題の『21世紀の資本』

『会計基準の針路』は、国境を越えた企業投資やM&A(合併・買収)が活発化する中で、会計基準を国際財務報告基準(IFRS)に合わせていく世界的な流れを追っています。私は、住友電工にいた1990年代前半に企業会計審議会の幹事を務めて以来、会計基準の世界統一を支持してきました。入社7年目にアフリカ・ナイジェリアに赴任した際、経理業務において簿記が世界共通であることに助けられ、会計基準もそうあるべきだと実感したのです。ただ、日本が重視するモノ作りや現場の努力を評価できる基準を組み入れるようにIFRSに主張していく必要があり、10年近くその運動をしてきました。今のIFRSは、メーカーにとって適正さを欠く点も改まり、適用する企業が増えています。この動きは今後も大きく進むと考えられ、本書はグローバル企業の会計関係者が参考にできると思います。

最後は、話題の**『21世紀の資本』**です。興味を持って読んだのは、資本の蓄積とともに労働者の窮乏化が進むというマルクスの「窮乏化論」との符合と、その社会矛盾が大戦を引き起こし、一時的に格差が縮まったとの分析。さらに大戦後、アメリカやイギリスを中心とするアングロサクソン諸国で超高所得者層が激増し、日本やドイツなどの大陸欧州諸国ではそれがあまり顕著ではないという分析です。私はかねてミシェル・アルベールの**『資本主義対資本主義』**(久水宏之監修、小池はるひ訳、竹内書店新社)

や、ロナルド・ドーアの**『誰のための会社にするか』**（岩波書店）などを読み、株主利益や効率を優先するアングロサクソン型資本主義と、株主だけでなく全ての利害関係者に目を向け、雇用や福祉を重視する日本やドイツの資本主義との違いに関心を持ってきました。本書は超高所得者層の比較にとどまり、このような資本主義の類型までには分析が進んでいませんが、アングロサクソン型の方が格差拡大が進んでいるのではないかという指摘は合っていると思います。

私は、ＳＦから専門書まで、何でも読みます。目下、机に6冊、自宅のトイレに3冊、書店に注文中の本が2冊、移動時も数冊。本は手放せません。一人の人生で経験できることは限られています。足りない経験を補う上で、本は欠かせません。読書せずして人の成長はないと思っています。

NISHIMURA'S RECOMENDED BOOKS

『日本の歴史』
上・中・下巻
（岩波書店）
井上清・著
〈上・下巻は品切れ〉

原始から現代まで社会と文明を断絶することなく発展させてきた日本の歴史の変革の原動力や、他民族との共通性または特殊性について記した日本通史。

『住友の大番頭 伊庭貞剛』
（廣済堂出版）
渡辺一雄・著
〈品切れ〉

明治期、2代目総理事として住友の近代化を推し進め、大阪商船、東洋紡の創業、大阪市立大の創立に加わった伊庭貞剛。公のために一身を捧げた傑物の生涯。

『トヨタ対VW《フォルクスワーゲン》
――2020年の覇者をめざす
最強企業』
（日本経済新聞出版社）
中西孝樹・著

自動車業界のトップアナリストが、競争の最前線を活写。日米欧を始め新興国市場の最新状況を取り上げる。世界的視野で業界がつかめる一冊。

『会計基準の針路』
（中央経済社）
西川郁生・編

国際化の中で日本の会計基準開発を担ってきた企業会計基準委員会。編者が委員長時代に市場関係者や各国基準設定者と行った対談集。西村義明社長も登場。

『21世紀の資本』
（みすず書房）
トマ・ピケティ・著
山形浩生、守岡桜、森本正史・訳

経済的格差は長期的にどう変化してきたのか？　資本の蓄積と分配は何によって決定付けられているのか？　詳細なデータと明敏な理論により解き明かす。

にしむら・よしあき　1948年京都府生まれ。72年京都大学経済学部卒。同年住友電気工業入社。2003年常務取締役、07年代表取締役専務取締役を経て08年6月東海ゴム工業（現・住友理工）代表取締役執行役員副社長。09年6月代表取締役社長（新聞掲載時）。15年6月から代表取締役会長兼CEO（最高経営責任者）。

（2015年2月23日掲載　構成・高橋和子　撮影・近藤忍）

NORIYUKI HARA

三井住友海上火災保険
取締役社長

原 典之

変化を読めとの指摘を肝に銘じる

技術革新の方向性を見極めることの大切さ

少しでも仕事の参考になればと、役員時代からビジネス書を読んできました。社長就任を機にそれらを読み返してみたところ、自分のポジションや、持っている情報量などが変わったせいか、興味を引く箇所も理解の度合いも違っていました。

初読時よりも思い当たる内容が多かったのが、**『ビジョナリー・カンパニー――時代を超える生存の**

法則』です。本書に、「時を告げる預言者になるな。時計を作る設計者になれ」という言葉が出てきます。カリスマ経営者であることよりも、長く時を刻み続ける組織、すなわち永続的に繁栄する組織をつくれという指摘です。さらに、基本理念を堅持しつつ、時代の変化を読んで戦略や目標を臨機応変に変えていける組織づくりをせよ、とも説いています。いずれも経営者として肝に銘じておきたいことです。

当社はこれまでも、時代の新しい動きを捉えた保険商品を開発してきました。最近では、「孤独死」による家主の損害に対応する火災保険特約や、ドローンの事故に対応する保険を開発しました。他にも、再生可能エネルギー事業に関する保険や、iPS細胞などを使う再生医療の臨床研究向け保険など、新たな動きに対応する商品を数多く開発しています。今年4月には、環境変化を見据えた商品の開発や、ICT（情報通信技術）を活用したビジネスモデルの検討を行う組織を新設しました。こうしたこともあって、進歩を促す組織づくりの重要性を説く本書の内容はとても心に響きました。

『イノベーションのジレンマ――技術革新が巨大企業を滅ぼすとき』は、技術力や商品力が評価された企業が、ボリュームゾーンの顧客ニーズにとらわれるあまり重要な技術革新を無視し、新規参入企業のイノベーションに席巻されてしまう可能性を指摘しています。優良企業ゆえに失敗するという、逆説的で怖い話です。

保険業は技術革新を無視できないビジネスで、例えば、自動運転化が進めば、ドライバー以外にも責任の所在が分散し、従来の自動車保険の枠組みでは対応できなくなります。金融とIT（情報技術）を融合した「フィンテック」が進化すれば、金融商品のビジネスモデルが大きく変わる可能性が出てきます。本書も再読した一冊ですが、技術革新の方向性を見極めることの大切さを改めて思い知らされました。

気に入った作家は全作を網羅したい

『渋沢栄一《しぶさわえいいち》一〇〇の訓言――「日本資本主義の父」が教える黄金の知恵』は、ビジネス書ではありませんが、今で言うＣＳＲ（企業の社会的責任）やコーポレートガバナンスを先取りするような、経営のヒントになる言葉が幾つもありました。著者は、アメリカ育ちの渋沢栄一氏の玄孫さんで、各訓言には英訳が添えてあります。「個人を利すると共に国家社会も利する事業なるや否やを知ること……」(Do you prof it? Does the society prof it?)「すべての世の中のことは、もうこれで満足だという時は、すなわち衰える時である」(Being sat isf ied means w ither ingaway) などの言葉が心に残っています。洋の東西を問わず共感を呼ぶ訓言ではないでしょうか。

私は、気に入った作家は全作を網羅したいタイプで、その一人が司馬遼太郎《しばりょうたろう》さんです。**『峠』**を読んだのは、30代半ば。先に上司が読んでいて、主人公・河井継之助《かわいつぎのすけ》の〝根回し〟が見事だという話に興味を引かれました。読むと確かにそうで、河井は、遊郭の廃止や禄高の改正などに踏み切る前に、うわさを流して人々に心の準備をさせ、藩政改革を推進しました。説明責任が問われる今の時代は通用しない手法かもしれませんが、いきなりのトップダウンではなかった点には学ぶべきものがあります。開明論者であったはずの河井が藩の存続にこだわって滅亡の道を歩んだ経緯なども読み応えがありました。

逢坂剛《おうさかごう》さんも好きな作家です。新刊の発売を心待ちにして読んだのは、**『さらばスペインの日日』**で最終巻を迎えた**「イベリア・シリーズ」**(講談社)。第二次世界大戦の直前から戦後に至るスペインを主な舞台に、各国の秘密情報戦を描きます。フランコ、カナリス提督、須磨弥吉郎《すまやきちろう》といった実在の人物と、主人公を始めとする架空の人物を交えた人間模様がとてもスリリングで、戦時にヨーロッパで起こった様々な出来事への理解も進みました。あとは、**「御茶ノ水警察シリーズ」**(集英社)。三井住友海上の本社は神田にあるので、お茶の水や神田界隈《かいわい》の風景や飲食店がたびたび登場する本書を楽しく読みました。

当社の周辺には、多くの書店があります。最近は忙しくてなかなか自分の時間が取れないのですが、そのうち昼休みなどにふらりと足を向けたいものです。

HARA'S RECOMENDED BOOKS

『ビジョナリー・カンパニー
――時代を超える生存の法則』
（日経BP社）
ジム・コリンズ・著　山岡洋一・訳
〈品切れ〉

時代を超え、際立った存在であり続ける企業の源泉を探るベストセラー。競合企業との比較などから、従来の経営神話を看破。基本理念の大切さを説く。

『増補改訂版　イノベーションのジレンマ――技術革新が巨大企業を滅ぼすとき』
（翔泳社）
クレイトン・クリステンセン・著
玉田俊平太・監訳　伊豆原弓・訳

顧客の声に耳を傾ける優良企業が、なぜ市場構造の破壊的変化に直面した際に市場の優位性を失うのか。変化に対応するための組織づくりなどを検証する。

『渋沢栄一　100の訓言
――「日本資本主義の父」が教える黄金の知恵』
（日本経済新聞出版社）
渋澤健・著

企業500社を起こした実業家・渋沢栄一。ドラッカーも影響された「日本資本主義の父」が残した知恵を、5代目子孫が鮮やかによみがえらせた100の訓言集。

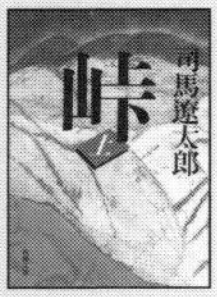

『峠』上・中・下巻
（新潮社）
司馬遼太郎・著

開明論者であり、封建制度の崩壊を見通しながら、長岡藩を率いて官軍と戦い、北越戦争に散った河井継之助。その精神の源と、波乱に満ちた生涯を追う。

『さらばスペインの日日』
上・下巻
（講談社）
逢坂剛・著

1945年、密命を帯びてスペインに潜行していた日本陸軍の情報将校・北都昭平は、戦犯指定の危機にさらされる。著者渾身（こんしん）のイベリア・シリーズの最終巻。

はら・のりゆき　1955年長野県生まれ。78年東京大学経済学部卒。同年大正海上火災保険（現・三井住友海上）入社。2008年三井住友海上執行役員企業品質管理部長。10年常務執行役員名古屋企業本部長兼名古屋企業本部損害サポート・イノベーション本部長。専務、副社長を経て、16年4月から取締役社長。

（2016年7月28日掲載　構成・高橋和子　撮影・合田和弘）

LEADERS AS READER

YOSHIKAZU MIKI

青山学院大学
学長

三木義一

税制を自分の問題とするために

自分の礎となった『法というものの考え方』

昨年（２０１５年）12月に学長に就任しました。箱根駅伝の直前です。青山学院大学は前回の優勝校。「学長が代わったから今回は優勝できなかった」となったら立つ瀬がないぞとドキドキしましたが（笑）、そんな心配をよそに学生たちは日頃の鍛錬の成果を発揮し、完全優勝を果たしてくれました。

私自身の大学時代は、弁護士を目指して法学部で学んでいました。読書にも励み、年間１００冊は読んだでしょうか。中でも**『法というものの考え方』**は、自分の礎となった書です。「本来は自由で平等な契約関係が、資本家と労働者の支配関係の中で不自由なものとなり、その問題解決のために社会法がある」といった弱者を守る法の価値を学びました。文章も魅力的で、その感想と「私の大学で講義してほしい」との願いを著者の渡辺洋三《わたなべようぞう》先生に送ったところ、快諾してくださいましてね。法学の第一人者が一学生の願いをかなえてくださったことに感動し、生の講義をありがたく拝聴しました。

私は現在も青学でゼミを持ち、二十数名の学生に法学を教えています。ゼミではディベートを重視。「汝《なんじ》の敵を愛せよ」をモットーに、学生が原告と被告に分かれて主張を交わします。最近は、論証力をもっと鍛えさせなければと、書く課題も増やしています。どれもなかなかいい出来で、青学生の底力を感じています。

説得力に満ちたラサールの弁護演説

30代の頃にドイツのミュンスター大学に留学しました。指導教授が論文によく引用していたのが、プロイセン王国の労働運動家、ラサール。ラサールは、低所得者層を苦しめる大衆課税制度を批判し、有産階級への憎悪を扇動した容疑で告訴されました。その裁判の弁護演説を記した**『間接税と労働者階級』**も、大学時代に影響を受けた本です。食品などに掛かる間接税が、低所得者ほど重い負担を強いられる逆進性の問題をはらんでいることは今や明らかですが、私にそれを教えてくれたのが、約150年前に書かれた本書でした。

『私たちはなぜ税金を納めるのか——租税の経済思想史』は、欧米諸国の租税思想史を、財政学の視点から描きます。特に読み応えがあったのは、アメリカの税制史です。19世紀後半から20世紀初頭にかけての二大政党間の主たる対立軸が税制であったことに触れ、「人々が選挙を通じて自らが支持する政党を多数派に押し上げ、議会における徹底した論争を経て『下から』獲得していく途《みち》があることを、アメリカ税制は教えてくれる」と書いています。税金は「上から」言われるまま負担するもの、という日本人の消極的な意識とは大きく違いますね。

本書の後半では、富裕層の脱税や企業の租税回避、先進国と途上国の格差拡大などが問題になる中、一国単位の課税制度から世界共通の課税制度へと仕組みを変えていく必要があると説いています。これと同じ指摘をしたのが、**『タックス・ヘイブン——逃げていく税金』**の著者、志賀櫻《しがさくら》氏です。志賀氏は、脱税や租税回避、犯罪やテロ資金、巨額な投機マネーなどの温床となっているタックス・ヘイブンの害悪と、そのために一般の善良な納税者が無用で余分な税負担を強いられ、犯罪やテロの被害者となり、マネー・ゲームの引き起こす損失や破綻《はたん》のツケを支払わされていることを指摘。さらに、タックス・ヘイブンを取り締まるべき先進国、中でも、イギリス、アメリカ、スイスやルクセンブルクなど欧州諸国がタックス・ヘイブンを守り、荒稼ぎをしている事実を伝えています。志賀氏とはかつて政府税制調査会で共に仕事をした仲で、政策提言組織「民間税制調査会」でも一緒に活動しました。志賀氏は、大蔵省主税局国際租税課長やOECD（経済協力開発機構）租税委員会日本国代表などを歴任した人物。彼ほど国際金融の裏の裏を知っていた日本人はいないでしょう。私が民間税調の共同代表として現政府への答申をまとめた際には、慰労のメールをくださいました。病没されたのはその1週間後。常に「市民のために」と活動していた志賀氏の提言が詰まった本書を多くの人に読んでほしいと思います。

最後は、ピケティの**『21世紀の資本』**です。「資本主義社会は経済成長をすれば格差が必然的に広がる。その格差を縮小し、安定した社会の形成に寄与したのは税制であった」ということを数値的に証明した書として大変評価しています。

日本の財政は危機的状況にあります。税制を役人や政治家任せにするのではなく、主権者である国民一人ひとりが自らの問題として考えることが大切で、その参考になる本を挙げました。専門分野に寄った選書となりましたが、日本の将来を考える上で避けられない課題を扱った本ばかりです。

『法というものの考え方』
（岩波書店）
渡辺洋三・著

法や法治主義をどのように考えるべきなのか。そう考えることが日常生活でどんな意味を持つのか。法というものの考え方の基本を示す。

『間接税と労働者階級』
（岩波書店）
ラサール・著　大内力・訳
〈品切れ〉

ブルジョア批判で告訴された著者の渾身（こんしん）の弁護演説。租税の源泉、租税の転嫁、租税の階級制という近代財政学の諸問題を具体的な状況分析をもとに説く。

『私たちはなぜ税金を納めるのか
――租税の経済思想史』
（新潮社）
諸富徹・著

納税は義務なのか、権利なのか？　租税は財源調達手段なのか、政策遂行手段なのか？　世界の税制や経済思想の流れをたどり「税」の本質を解き明かす。

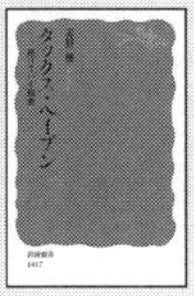

『タックス・ヘイブン
――逃げていく税金』
（岩波書店）
志賀櫻・著

税制の根幹を破壊する悪質な課税逃れのカラクリの中心にあるタックス・ヘイブン。その実態を明らかにし、生活と経済に及ぼす害悪に警鐘を鳴らす。

『21世紀の資本』
（みすず書房）
トマ・ピケティ・著
山形浩生、守岡桜、森本正史・訳

経済的格差は長期的にどう変化してきたのか？　資本の蓄積と分配は何によって決定付けられているのか？　詳細なデータと明敏な理論により解き明かす。

みき・よしかず　一橋大学大学院修了。法学博士。静岡大学人文学部法学科教授、立命館大学法学部教授、同大大学院法務研究科教授などを経て、青山学院大学法学部教授。ドイツでミュンスター財政裁判所客員裁判官も務めた。2015年12月から同大学長。

（2016年2月26日掲載　構成・高橋和子　撮影・合田和弘）

MITSURU MURAI

日本プロサッカーリーグ
チェアマン

村井 満

先達と対話し、魂を磨き込む

境界を越えたいという思いの原動力は竜馬《りょうま》

私はかつてリクルートで人事や人材紹介会社の経営に携わり、50歳を過ぎてから志願して香港に赴任し、多国籍の従業員を抱える現地法人の社長を務めました。さかのぼって大学時代は、達成はできなかったものの、中国大陸横断にチャレンジしました。外へと向かうそうした行動の原点と言えるのが、高校1年の時に読んだ**『竜馬がゆく』**です。なぜこの物語に魅せられるのか自分でも不思議でしたが、

「境界を越える」ことへの憧れがあったのだと、人生における折々の衝動から自覚するようになりました。竜馬は、藩の境を越え、反目し合う政治勢力の境を越え、国の境をも越えんとし、異なる立場同士が共有できる「船中八策」のような価値を見付けました。同胞の結束は、悪くすると排他的、差別的な行動の引き金になります。越境して心を開けば本質的な価値に行き着くことを、竜馬から学びました。

『生くる』は、20代の頃に同僚を介してお会いして以来、心の師と仰ぐ執行草舟《しぎょうそうしゅう》さんの著書です。歴史、哲学、科学、芸術など、その知識量は膨大で、知識のみならず、深い思考と体験に根差した確固たる人生観の持ち主です。人の心の機微や葛藤をあらわにし、それへの向き合い方を示した本書は、私のバイブルです。「自信など必要ない。自信がないから日々精進できる」「作用反作用は自然の法則で、価値のある大きなことをしていれば、大きな反作用が壁のごとく出現するのは当然。壁が大きいほど生き甲斐《がい》もある」「読書の意義は、先達との魂の対話である」といった言葉を常々反芻《はんすう》しています。

その執行さんから立派な方だと教えていただいたのが、出光興産の創業者・出光佐三《いでみつさぞう》氏です。私が30代の頃で、早速出光氏に関する本を読み、なるほどと思いました。また近年、百田尚樹《ひゃくたなおき》氏が**『海賊とよばれた男』**を発表し、出光氏の偉業が再注目されました。出光氏は、努力と苦労を重ねて石油の商いを広げ、国内外の商売敵や既得権益者に正々堂々と立ち向かい、戦後は本業以外の事業にも挑戦して雇用を守り、晩年は、大国による不当な油田支配に反発し、英国軍を向こうに回してイランからの石油輸送を成功させました。彼を突き動かしたのは、利益欲でも権利欲でもなく、「世のため、人のため」という強烈な社会的使命感です。Jリーグは、地域においてサッカーを中心としたスポーツ文化を育む「Jリーグ百年構想」を掲げています。出光氏のような気概を持って、この社会的な取り組みを推進していきたいと思います。

リーグの国際化に向けてヒントを得た一冊

『その考え方は、「世界標準」ですか？――失敗をチャンスに変えていく5つの力』は、海外経験豊富でサッカーへの見識も深い、私の尊敬する方に薦めていただきました。本書は、日本の社会構造や教育などにおいて世界基準からずれている点を指摘し、グローバルに通用する考え方とはどういうものなのかを例示します。チェアマンに就任し、Jリーグのアジア展開を推進する中で、世界標準の視点を持つことが重要だと考えていた時に読み、大変参考になりました。日系2世の著者は、10歳でソフトウエアのプログラムの仕事を始め、大学時代に起業し、生体認証暗号化システムの開発など画期的な事業に成功後、日本に拠点を移して企業育成や政策提言に奔走しておられます。その足跡にも感銘を受けました。

最後は、ブラジル人の作家による名著**『アルケミスト――夢を旅した少年』**です。一言で言えば、一人の少年が、夢に見た宝物を探しに異国を旅行く物語ですが、読むたびに心に届くメッセージが変わる奥の深い本です。大切な物を喪失した時の立ち直り方、夢を抱き、夢を追い続けることの尊さなど、様々な気付きを与えてくれました。私は、この物語のような寓話《ぐうわ》性のあるストーリーテリングが、リーダーにも必要ではないかと思っています。例えば、アップルのスティーブ・ジョブズ氏や、グーグルのエリック・シュミット会長などは、情緒的に夢を語って社員の意欲を喚起したといいます。私が人材紹介会社の社長をしていた頃、ロジカルに数値的な目標を示すだけでいいのかと悩んでいた時に、たまたま親友が紹介してくれた本書を読み、物語の持つ力を確信しました。Ｊリーグの未来を語る上でも手掛かりにしている一冊です。

本を通じて著者や登場人物と対話することで、自己の魂が磨かれ、情操が育まれる。読書の時間は何にも代え難いと思っています。

MURAI'S RECOMENDED BOOKS

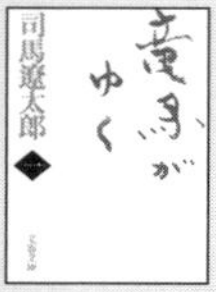

『竜馬がゆく』全8巻
(文藝春秋)
司馬遼太郎・著

土佐の郷士の次男坊で浪人の身でありながら、薩長連合や大政奉還などに多大な貢献をした坂本竜馬の生涯と、同時代の志士たちの生きざまを描く。

『生くる』
(講談社)
執行草舟・著

実業家、著述家、歌人である著者が、消費社会の人間の生き方に疑義を呈し、恩や歴史を尊び、生命を完全燃焼させる新しい「生き方論」を提唱する。

『海賊とよばれた男』上・下巻
(講談社)
百田尚樹・著

出光興産創業者・出光佐三をモデルにした国岡鐵造の波乱の生涯を描く。石油禁輸、戦争、「日章丸事件」など様々な困難を乗り越えた実業家の軌跡。

『その考え方は、「世界標準」ですか?——失敗をチャンスに変えていく5つの力』
(大和書房)
齊藤・ウィリアム・浩幸・著

アメリカで育ち10代で起業、ビル・ゲイツに数百億円で会社を売却。そんな著者の経歴とともに、母国日本で始めたことや、未来への提言をつづる。

『アルケミスト——夢を旅した少年』
(角川書店)
パウロ・コエーリョ・著
山川紘矢＋山川亜希子・訳

宝物が隠されているという夢を信じてエジプトを目指した少年サンチャゴが、アルケミスト(錬金術師)の導きと様々な出会いの中で人生を学んでいく物語。

むらい・みつる　1959年埼玉県生まれ。早稲田大学法学部卒。83年日本リクルートセンター(現リクルートホールディングス)に入社。本社執行役員兼リクルートエイブリック(現リクルートエージェント)代表取締役社長を経て2011年RGF Hong Kong Limited(香港法人)社長(13年兼会長)。2008〜13年日本プロサッカーリーグ理事。14年1月からチェアマン。

(2014年4月23日掲載　構成・高橋和子　撮影・合田和弘)

YOSHITAKE YOKOKURA

日本医師会
会長

横倉義武

いろいろ読むほど
先入観から
解放される

人間・野口英世《のぐちひでよ》に親しみと敬意

子どもの頃は、家にあった**『世界少年少女文学全集』**（川端康成ほか監修、小学館）や偉人伝を熱心に読んでいました。父が医師だったからでしょうか、野口英世《のぐちひでよ》の伝記に強い感銘を受けた覚えがあります。後年読んだ**『遠き落日』**は、英世の偉業だけではなく、彼の浪費癖や功名心が赤裸々に描かれた小説で、伝記とは異なる印象でした。でも、私もいい年になっていたので、人間とはそういうものだと、むしろ親しみが湧きました。

元整形外科医である渡辺淳一《わたなべじゅんいち》さんの筆は、英世が幼少期にやけどを負った左手の手術を描写し、明治期の農村医療の頼りなさを伝えます。母親のシカや、学費を援助した血脇守之助《ちわきもりのすけ》医師など、周囲の大人が就学を助けた経緯は、私の祖父に重ねて読みました。英世と同時代に生きた祖父は、石川県の田舎の次男坊で、学業を認められて官僚だった叔父の書生となり、東大の鉱山学科を経て鉱業に携わりました。学問で人生を切り開いた英世と似ています。良心ある大人が若き才能を支えた時代とも言えますね。

英世は、日々夜中まで実験室にこもって梅毒や黄熱病の研究に没頭し、最後は遠くアフリカに渡って真実を解明しようとしました。医師として、その執念に敬意を抱きます。今や日本の医療研究は世界の先端を行き、また、アフガニスタンで活動する中村哲《なかむらてつ》氏やスーダンで活動する川原尚之《かわはらなおゆき》氏など、過酷な状況下で高い志を持って医療事業を続ける日本人医師がいます。その一方で、海外に出たくない若者が増えていると聞きます。英世の貪欲《どんよく》な向学心と開けた視野に習ってほしいものです。

我が人生に影響した座右の書たち

『徳川家康《とくがわいえやす》』は、学生時代に読みました。本書の前に、中国の変革期を生きる人々を描いたパール・バックの**『大地』**(新居格訳、新潮社)を読んで感動し、今度は日本の変革期の歴史長編に挑戦してみようと手に取った大作です。特に共鳴したのは、人質として過ごした幼少時代や、武田氏との戦いに惨敗した「三方ヶ原の戦い」など、苦労を重ねながら足固めをしていった成長期の家康です。今もたまに読み返すのですが、若いときには読み過ごしていた家康の言葉の深みに気付くことがあります。晩年の家康にも魅力を感じるようになりました。

『百朝集』は、陽明学者の安岡正篤《やすおかまさひろ》氏が、古人の名言100点を厳選した書です。父の病院を継ぎ、どうやって職員をまとめていこうかと悩んでいたときに出会い、心の指針としました。その後、息子の学校でPTAの会長を務めた際は、当時議論の渦中にあった「ゆとり教育」に反対する意味で、先生や親御さんを前に、「少《わか》くして学べば壮にして為《な》すあり」に始まる佐藤一斎《さとういっさい》の言葉を引用したこともありました。教育者や人をまとめる立場にいる方に薦めたい一冊です。

もう一つの座右の書が、**『和して同ぜず――「明るく、楽しく、たくましく」生きる31の知恵』**です。福岡県医師会会長に就任し、会員たちの異なる主張を聞きながらも、一つの方向性を示さねばならない難しさを抱えていたときに、ふと、書店でこのタイトルが目に留まりました。もとは孔子《こうし》の言葉で「人と協調していくが、むやみに同調しない」という意味です。患者さんの声に耳を傾けながらも医師としての責任を全うする、という捉え方もできます。比叡《ひえい》山で天台座主を務められた山田恵諦《やまだえたい》氏が人の道理をつづった書で、ありがたい説法を聞いているような気持ちになります。

国民皆保険について読んで考えてほしい

最後は、半世紀にわたり日本国民の健康と長寿を支えてきた公的医療保険制度にスポットを当てた**『国民皆保険が危ない』**を紹介します。本書は、高齢化や長引く不況、非正規労働者の増加などによる公的医療保険の財源の行き詰まり、保険料を払いたくても払えない「無保険者」の増加、営利産業化ありきの医療の国際化や自由化が医療格差を拡大させる懸念など、国民皆保険をめぐるさまざまな課題を浮き彫りにします。国民皆保険は、世界に誇れる日本の宝で、たとえ経済状況が厳しくても堅持しなければならないというのが日本医師会の考え方です。国民皆保険が徹底していない国、例えばアメリカがその典型ですが、医療費がべらぼうに高額で、病気やケガをしても病院に行けない「医療難民」を大勢生んでいます。健康保険証があればいつでも診療してもらえる仕組みは、人々の心に安定をもたらし、社会に安定をもたらします。私たちとは別の主張を持つ方もいるでしょう。そんな方にも読んでほしいですね。自分とは違った考えや新しい価値観との出会い。それが読書の最大の魅力だと思いますから。

『遠き落日』上・下巻
（講談社）
渡辺淳一・著

猪苗代湖畔の貧農の家に生まれた野口英世が、母・シカの愛情と周囲の援助で医師となり、国内の研究所を経て単身アメリカに渡って細菌研究に没頭、黄熱病研究のために赴いたアフリカで倒れるまでの波乱の一生を描く。吉川英治賞受賞作。

『徳川家康』全26巻
（講談社）
山岡荘八・著

三河国岡崎城での誕生から、今川家での人質生活、父・松平広忠の非業の死、武田氏との戦い、織田信長、豊臣秀吉ら有力武将との知の攻防、大坂の陣など、激動の戦乱期を生き抜き太平の世を開いた家康の生涯をつづる歴史長編小説。

『百朝集』
（福村出版）
安岡正篤・著

「私の内面世界・心の王国の名所旧蹟」「学問信仰から抽出した成分の一部」と著者が語る古人の詩歌や文章を収録。蘇東坡、王陽明、谷秦山、カーライル、ヒルティ、ゲーテ、西行、伊達政宗、吉田松陰など100の名言は著者の解説付き。

『和して同ぜず
──「明るく、楽しく、たくましく」生きる31の知恵』
（大和出版）
山田恵諦・著 〈品切れ〉

10歳で得度、16歳で比叡山に登った天台座主の知恵集。「"賢者"は和して同ぜず、"愚者"は同じて和せず」「小欲にとらわれず、大欲で生きなさい」「死と向き合って生きる覚悟があるか」「『家庭宗教』が世界宗教となる日」などの章から成る。

『国民皆保険が危ない』
（平凡社）
山岡淳一郎・著

「世界一」として評価される日本の皆保険制度の成立50年の節目に書かれた提言の書。医療の国際化、国民健康保険料の収納率低下、無保険者の急増などによって崩れようとしている国民皆保険の現状と課題を指摘。将来の在り方を探る。

よこくら・よしたけ　1944年福岡県生まれ。69年久留米大医学部卒。同年4月同大医学部第2外科入局。77年西ドイツミュンスター大学教育病院デトモルト病院外科留学。80年久留米大医学部講師（～83年）。90年医療法人弘恵会ヨコクラ病院長。97年同理事長（～現在）。99年中央社会保険医療協議会委員（～2002年）。10年社会保障審議会医療部会委員（～12年）。90年福岡県医理事（～98年）。92年大牟田医理事（～2004年）。1998年福岡県医専務理事。2002年同副会長。06年同会長。10年日本医師会副会長。12年4月から会長。

（2012年7月24日掲載　構成・高橋和子　撮影・星野章）

TATSUO WAKABAYASHI

三菱ＵＦＪ信託銀行
取締役会長

若林辰雄

本を通して自らに問い掛ける、「信託」に足る人間とは……

宮大工の生きざまを我が手本に

好きな作家や興味を持った内容の関連本を数珠つなぎに読んでいくタイプで、気に入ると何度も読み返します。中でも**『木のいのち　木のこころ〈天・地・人〉』**は、自分のバイブルとなっています。法隆寺宮大工の棟梁《とうりょう》で、薬師寺金堂や西塔の再建にも当たった西岡常一《にしおかつねかず》さんと、お弟子さんの小川三夫《おがわみつお》さんの生きざまを聞き書きで著した本です。「大工というのは仕事ですが、その前に人間なんです。大工という仕事を持った人間なんです。すべてにいいかげんではいかんのです。どこかがいいかげんなら、それが仕事に出ますからな」という西岡さんの言葉は、大工の部分を信託銀行員に置き換えて自戒し、社員にも伝えたい言葉です。法隆寺宮大工に代々継がれてきた「百論をひとつに止めるの器量なき者は謹《つつし》み惧《おそ》れて匠長《しょうちょう》の座を去れ」という口伝も我が事として読みました。信託銀行は専門性の高い分野を多く抱え、従事する社員の個性は様々です。それを統率できなければトップに立つ資格はないと、読むたびに気を引き締めています。

『生命《いのち》のバカ力《ぢから》』は、ノーベル賞に近いとされる生物学者の村上和雄《むらかみかずお》さんの著書です。村上さんは、研究を長く続けるほど、生命の本質は理性や知性だけでは説明できないと感じる、と書いています。人間は人知を超えた「サムシング・グレート（偉大なる何者か）」に生かされ、いまここに生きていられるだけでも価値があるのだと。「遺伝子のうち常時使っているのは全体の3％程度、多く見積もっても10％は超えず、心持ち次第でいい遺伝子がON、悪い遺伝子がOFFになる」「患者に漫才を聴いてもらったあと血糖値を測ったら、全員数値が下がっていた」といった内容も興味深く、イギリス駐在時にお世話になった方が病を患ったと聞いた時、本書を送り喜ばれました。読むと元気になれる一冊です。

真の人間的魅力を鮮やかに描き出す書

作家では、城山三郎《しろやまさぶろう》さんのファンで、小説はほとんど読んでいます。**『少しだけ、無理をして生きる』**は、城山さんが自作を振り返り、取材の裏話を交えて登場人物たちについて語っています。**『落日**

燃ゆ』（新潮社）の主人公・広田弘毅《ひろたこうき》は、「自ら計らわず」を信条とし、利己的なことは求めず、人のために尽くした。**『雄気堂々』**（新潮社）の主人公・渋沢栄一《しぶさわえいいち》は、全てを知り尽くそうとする「吸収魔」であり、拒絶されても情熱をもって上役に進言し続ける「建白魔」であった。こうした人物評は、多くの教訓を与えてくれます。組織の中で生きていると、ともすると「出世のため」「建白して上司に目を付けられたくない」などとなってしまいますが、広田や渋沢のような心意気は本当に大事だと思います。どのページを開いても「人としてこうあらねば」と思うことばかりで、社内報で社員にも薦めました。

私の趣味はゴルフで、特に英国駐在時は機会が多かったです。1998年当時、面白いゴルフ本が出たと聞いて日本から送ってもらったのが、**『ゴルフを以《も》って人を観《み》ん――緑のお遍路さんたち』**です。ゴルフエッセイストの夏坂健《なつさかけん》さんが、各界のゴルフ愛好者とプレーした印象をつづったエッセー集で、本書をきっかけに彼の著書を読みあさりました。世界中のゴルフコースを〝お遍路〟した夏坂さんの足跡のほんの一部でもたどることが、ひそかな夢でもあります。書名にあるとおり、ゴルフは長所も短所も丸裸にされてしまう、人柄が恐ろしいほどよく出るスポーツです。私はいつも「下手でもいいので、もう一度一緒に回りたいと思ってもらえるようなゴルフをしよう」と自らに言い聞かせています。当社の社員にも、たびたびそういう話をしています。

「信託」の背景にある「心の風景」を読み取る

最後は、**『信託のすすめ』**です。著者は、日銀理事、信託協会副会長、預金保険機構理事長などを歴任された永田俊一《ながたしゅんいち》さんです。前書きにもありますが、本書は金融実務書とも法律専門書とも違います。ローマ時代から洋の東西を問わず発展してきた信託の歴史や逸話を通じて「信託の精神」を描き出した一冊です。2007年、80余年ぶりに信託法制が抜本改正され、金融ビジネスの最先端でも信託の利用が大いに進みました。永田さんは、金融商品やサービスを自由に設計できる機能と、受託者が重い責任義務を負う安全維持機能、いわばフリー、フェアという二つの性質を兼ね備えた信頼の器として、改めて信託が注目されていると指摘した上で、「自由は商品の違いを明瞭にし、取引・業務・市場ルールの公正さも白日の下におく。管理・運用のパフォーマンスもきちんと評価され、受託者の器の違いもはっきり示される。今こそ信託に関係する人が、足下を見直して信託の歴史、文化、精神に対する理解を深めるべきである」と述べています。私は本書から「信託に足る人間であれ」というメッセージを受け取りました。

それぞれ分野は違えど、「人としてどうあるべきか」を示す5冊の紹介となりました。

『木のいのち 木のこころ〈天・地・人〉』
（新潮社）
西岡常一、小川三夫、塩野米松・著

“最後の宮大工”西岡常一が木と人の育て方を語る〈天〉の巻、三度目にしてついに西岡の唯一の内弟子となった小川三夫が宮大工の未来を語る〈地〉の巻、小川が主宰する「鵤工舎」の若者19人へのインタビュー〈人〉の巻から成る。

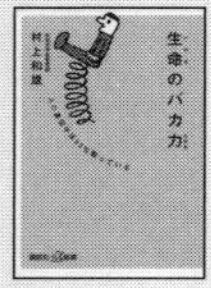

『生命《いのち》のバカ力《ぢから》』
（講談社）
村上和雄・著

人間が不可能を可能にする力とは何か。「遺伝子はONにもOFFにもなる」「『半バカ』になる!」「究極のプラス発想!」など、ノーベル賞に近い日本人とされる著者が、自らの体験と科学の視点から、「隠された力」について解き明かす。

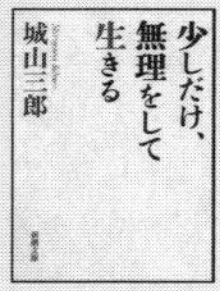

『少しだけ、無理をして生きる』
（新潮社）
城山三郎・著

大変な無理だと続かない。大事なのは、ほんの少しだけ、自分を無理な状態に置く。つまり挑戦し続けることなのだ。城山が魅了され、小説の題材とした数々の英傑たちのエピソードを通じて、真の人間の魅力について語り尽くす一冊。

『ゴルフを以《も》って人を観《み》ん——緑のお遍路さんたち』
（日本経済新聞出版社）
夏坂健・著

ゴルフは自分の性格が最悪の形で露呈されるスポーツ。だからこそ礼節が大切なのだ。各界で活躍するゴルフ愛好家たちとラウンドを共にしながら、くんでも尽きぬゴルフのエスプリをユーモアたっぷりにつづる。「読むゴルフ」の決定版。

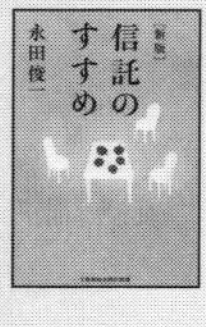

『新版 信託のすすめ』
（文藝春秋企画出版部）
永田俊一・著

信頼の心を法的理念として制度化された信託は、個人から国家までを結び付ける。その起源から法制化までを、金融界の信託通として知られ、現在（2013年3月）楽天銀行社長を務める著者が分かりやすく解説。各界著名人20人との対談も併録。

わかばやし・たつお　1952年広島県生まれ。77年一橋大学法学部卒。同年三菱信託銀行（現・三菱UFJ信託銀行）入社。84〜90年ニューヨーク、97〜2003年ロンドン勤務。99年三菱トラストインターナショナル社長。09年三菱UFJ信託銀行専務取締役、12年4月取締役社長（新聞掲載当時）、13年12月取締役社長兼取締役会長。16年4月から取締役会長。

（2013年3月11日掲載　構成・高橋和子　撮影・合田和弘）

第2章

新たな道を拓く

YO SHITARA

ビームス
代表取締役社長
設楽 洋

和の文化、和の心を本に求めて

辺境の庶民の営みに自社のルーツを見た

私の生まれは、戦後ミッドセンチュリーのど真ん中。「男の子はアメリカに、女の子はパリに憧れる」などと言われた世代で、私もご多分に漏れず、アメリカンカルチャーに魅せられました。25歳の時、段ボール箱の会社を経営する父が、オイルショックを機に事業の多角化を決め、「モノを包む箱だけでなく、ヒトを包む事業を」との思いでアパレル事業部を設立しました。電通に勤めていた私は、二足のわらじで父を手伝い、売り場7畳、ストックスペース6畳のセレクトショップを原宿にオープン。衣料品、家具、雑貨などを通じて海外のライフスタイルを日本の若者に紹介してきました。灯台下暗しに気付き始めたのは、90年代に入ってから。ロンドンの老舗テーラーで百年前のシャツの生地を見せてもらい、すばらしい品質だと思ったら「日本の着物地だよ」と教えられるなど、日本の名品との出会いが海外で多くあったのです。それまでは読書も海外文学が中心でしたが、日本に関する本を読み始めました。**『忘れられた日本人』**は、民俗学者の宮本常一《みやもとつねいち》が、日本各地の辺境の村々を訪れ、村人の暮らしや生きざまを取材した一冊です。権力者やインテリ層が作ったハイカルチャーにはない、奥ゆかしくもパワフルな庶民の営みが描かれていて、時代時代のストリートカルチャーを紹介してきた我が社のルーツを見た気がしました。

　ビームスが最初に販売した家具は、北欧のモダン家具でした。現地に赴いて目利きをする中で、日本のデザインの影響を受けた北欧のデザイナーが少なくないことを知りました。日本民藝《みんげい》運動を率いた柳《やなぎ》宗悦《むねよし》は、日本と北欧のデザイン交流を担った一人で、焼き物、染め物、金物、木工細工など、日本中の優れた手仕事を紹介する**『手仕事の日本』**を著しています。当社はオリジナルの服や雑貨も作り、デザインは極めてアメリカ的、あるいはヨーロッパ的ですが、実はメイド・イン・ジャパンの商品も多く、その品質は海外でも高い評価を受けています。今月（2016年4月）28日には、民芸品を含むメイド・イン・ジャパンの品や日本をキーワードにしたモノやコトを中心に紹介するセレクトショップを新宿にオープンします。そうした活動においても参考にしている本です。

経営に照らして読んだ司馬氏とキーン氏の対談

『日本人と日本文化』は、司馬遼太郎《しばりょうたろう》さんとドナルド・キーンさんの対談本です。二人の会話を読んで日本に対する誇りを感じるとともに、自分の無知を恥じました。外から日本を見てきたキーンさんの指摘は新鮮で、日本人への儒教の影響などについて司馬さんと意見の相違があったりして、大変興味深かったです。物の真理を突いた会話は、経営に関連付けて読むこともできました。例えば、日本文学を「ますらおぶり」と「たおやめぶり」という観点から論じる項では、メンズアイテムからスタートした当社の強み弱みについて考えさせられました。

ビームスは、世界中のいいモノを集めて紹介するショップで、その役割は、編集者でありプロデューサーです。ただ、私の根っこには、一芸に秀でたクリエーターへの憧れと、絵画や音楽などをいろいろかじったものの、広く浅くで終わってしまったことへのコンプレックスがあります。せめてクリエーションの現場に近い仕事をと広告会社に入りましたが、本物の芸術や逸品ほど美辞麗句や演出は必要ないと、仕事を通じて感じました。書店に行っても目が行くのは一流のモノ作りに関する本で、ふと**『和の菓子』**を手に取りました。様々な和菓子のいわれを美しい写真とともに紹介する本です。日本独特の季節感、風流や侘《わ》び寂《さ》び、和歌や俳句、茶道や華道など、あらゆる世界観を凝縮した和菓子に究極のクリエーションを感じ、ほれぼれと眺めました。

最後は、中村天風《なかむらてんぷう》の**『成功の実現』**を紹介します。華族に生まれ、陸軍の諜報《ちょうほう》員として中国東北部へ、病を得るとその克服法を求めて世界を流浪、インドでヨガを極めるなど、波乱の人生を歩んだ天風の人生哲学が詰まった書です。仕事でひどく落ち込むことがあった25年ほど前に読み、以来、常に傍らに置いていている心のバイブルです。書かれているのは至極当たり前のことですが、読むだけで迷いや弱気が消え、ポジティブな気持ちになれる。悩んでいる友人がいると薦めています。

元来楽観的な方ですが、そんな私でも「ピンチはチャンス」と思えない時があります。でも、「ピンチはクイズ、どう答えを見つけよう」と面白がるぐらいのプラス思考に転換できれば、解決の道は開ける。そのヒントを探る上で、読書が大きな助けになっています。

目次を使ったリーダーのための訓練法

経営書を読むときには、まず目次だけ見て「自分だったらどうするか」と想像しています。これは、リーダーとしての訓練なのです。他人の経営のまねではなく、自分なりの「アナザーアングル」を持つことが大切だと思っています。

SHITARA'S RECOMENDED BOOKS

『忘れられた日本人』
（岩波書店）

宮本常一・著

日本各地を旅した民俗学者が、歴史から忘れ去られた日本人の暮らしを掘り起こし、「民話」を生み出し伝承する共同体の有り様を愛情深く描き出す。全13編。

『手仕事の日本』
（岩波書店）

柳宗悦・著

優れた民芸品を求めて日本全国を歩いた著者が、各地に残る美しい手仕事を紹介しながら、日本にとって手仕事がいかに大切なものであるかを訴える。

『日本人と日本文化』
（中央公論新社）

司馬遼太郎、ドナルド・キーン・著

日本文化の誕生から日本人のモラルや美意識に至る〈双方の体温で感じ取った日本文化〉を縦横に語り合いながら、世界的視野で日本人の姿を見定める。

『和の菓子』
（ピエ・ブックス）

高岡一弥・アートディレクション
高橋睦郎・選と文　与田弘志・写真
宮下惠美子、リー・ガーガ・訳
〈品切れ〉

500年以上の伝統を持つ和菓子の魅力を、季節感のある文章と写真とともに紹介。老舗の川端道喜、亀屋伊織、虎屋が作り出す美しい和菓子の数々。

『成功の実現』
（日本経営合理化協会出版局）

中村天風・述

原敬、東郷平八郎、松下幸之助など各界のリーダーに影響を与え、「天衣無縫の座談の名手」と評された中村天風。その波乱の半生から得た人生成功の哲学。

したら・よう　1951年東京生まれ。75年慶應義塾大学経済学部卒。同年電通入社、プロモーションディレクター・イベントプロデューサーとして活躍。76年、同社勤務の傍ら、父親が創業した段ボール製造会社・新光の新規事業としてビームス設立に参加。83年電通退社、ビームス及び新光の専務取締役就任。88年から代表取締役社長。

（2016年4月27日掲載　構成・高橋和子　撮影・合田和弘）

LEADERS AS READER

KOICHI SUZUKI

インターネットイニシアティブ代表取締役会長兼CEO

鈴木幸一

深まる西欧文化への興味。読むと答えが見えてくる

時代と人の「晩年」に思いをはせる

私は、読書中毒で乱読。すばらしい本に出会うたびに、目の前の地平が広がっていくような感覚を覚えます。そして、本は、私が模範生になり損ねた原因です（笑）。学校をサボり、蓄音機の音楽を聴きながら読書にふけっていました。よく理解できなかったり、退屈だったりした本もあります。ダンテの**『神曲』**（平川祐弘訳、河出書房新社）、カエサルの**『ガリア戦記』**（近山金次訳、岩波書店）、森《もり》鷗《おう》外《がい》の**『渋江**

抽斎』（岩波書店）とか……。それが、今読み返すととても面白い。年を重ねた自分と既読本との再会も一つの楽しみになっています。

『旅立ち　遠い崖——アーネスト・サトウ日記抄』は、朝日新聞連載時から読み、文庫本で再会しました。物語のベースは英国外交官アーネスト・サトウの日記で、公使や医師などサトウ周辺の英国人の記録も織り込まれます。西郷隆盛《さいごうたかもり》、徳川慶喜《とくがわよしのぶ》、勝海舟《かつかいしゅう》らと対面し、薩英戦争から西南戦争まで目撃した彼の物語は、維新期のヒーローを描く小説群と一線を画します。外交にかけては百戦錬磨の英国視点で書かれ、「国家」という概念が希薄だった幕臣や志士たちが「外夷《がいい》」に過剰反応している様子が読み取れ、後の日本軍の膨張や太平洋戦争の端緒を見た気もしました。サトウが一時帰国し、旅行や歌劇を楽しむ巻は、ワーグナーなど当時の音楽が好きなので、同時代人の作曲した演奏を耳にしていた時代だったのだと思ったりして。

『晩年のスタイル』は、積み上げてきたスタイルを、晩年に自ら壊そうとする欲求について、ベートーベン、ジャン・ジュネ、ルキノ・ビスコンティらを例に考察します。ベートーベンの中期作『英雄』の「首尾一貫した統合的なロジック」から、晩年のピアノ・ソナタ『作品１１０』の「どことなく散漫で、しばしば極端に無頓着な反復的性格」といった変化に、後者は「現代的芸術様式のプロトタイプになりおおせた」「大きな意義と挑発性を獲得した」と指摘したりします。芸術家たちの破壊による晩年の開花に感嘆した一冊です。

欧州の歴史に見る戦いの愚かさと輝き

『ヨーロッパの100年』は、もとはオランダの新聞連載で、著者がヨーロッパの各都市を巡り、20世紀を振り返る歴史紀行です。第1次世界大戦、ロシア革命、第2次世界大戦、冷戦、ソ連崩壊、東欧圏の解体、ボスニア戦争などを取り上げますが、最大の魅力は、同時代の「証言」を徹底的に集めていることです。インタビュー対象は、プロイセンの王族からスペイン内戦の一兵士まで幅広く、各年代、各地域の新聞や雑誌の記事、観光ガイド、政治家や思想家や庶民の記録なども多出。北欧やバルト3国といった日本ではあまりスポットの当たらない地域の今昔も一読の価値があります。昨年（2011年）の暮れ、米国を旅した際に変わった名前の女性に出会って「第2次世界大戦中、ナチを逃れて黒海の浜辺までたどり着いたルーマニアのユダヤ人である祖父が、浜辺に打ち上げられた死体のポケットにあった旅券で渡米し、その旅券の姓を受け継いだ」と明かされて驚いたことがありますが、そんな生々しさが伝わってくるようでした。科学技術の軍事利用の悲劇と、欧州文明の終焉《しゅうえん》を思い知らされた同書。これとは対照的に「輝かしい戦争」を描いた本**『イリアス――トロイアで戦った英雄たちの物語』**を次に紹介します。

ホメロスの壮大な叙事詩をイタリア人作家が朗読用に短縮した著書で、ここにあるのは戦いの「輝かしい死」です。ミサイルで無数の人を虐殺する戦争とは別種のもので、英雄同士が美術工芸品のような武具をまとって身一つで槍《やり》を交えるさまは、血が飛び散るような死闘も美しい。戦争で得られる高揚感を人間の本能として認めていて、戦後の人道教育で消された真のヒューマニズムを見いだした気がしました。主宰する毎春の音楽祭で、いつかこの朗読劇をやってみたいと思っています。

若い人に知ってほしい学びに貪欲《どんよく》な姿勢

『読むと書く――井筒俊彦《いづつとしひこ》エッセイ集』は、言語学、イスラム学、仏教哲学、ギリシャ哲学、ロシア文学など多分野を究めた井筒俊彦氏のエッセー集です。中央公論社刊の『井筒俊彦著作集』も全巻持っていますが、本書はこの一冊で井筒氏の論文、詩、エッセー、書評などを横断的に読めるのでお薦めです。

大学時代、言語学に興味を持った私は、ノーム・チョムスキーの理論を日本に紹介していた川本茂雄《かわもとしげお》先生に教えを乞うたことがあります。でも、「君はつまらないと思うとやめてしまうクセがある。学者には向かないなあ」と言われました。30に迫る言語を理解し、コーランを原典から全訳した井筒氏の功績を見た日には、お呼びでなかったなと(笑)。今の日本に井筒氏ほどの瑞々《みずみず》しい精神が脈打つ「大碩学《だいせきがく》」は存在しないのではないでしょうか。その一端に触れるだけでも刺激になると思います。特に若い人に読んでほしいですね。

私は、戦後すぐに占領下の横浜で生まれ、港の景色を眺めては、外国文化に憧れて育ちました。そうしたバックグラウンドがにじむ5冊となりました。

『旅立ち 遠い崖――アーネスト・サトウ日記抄』全14巻
（朝日新聞出版）
萩原延壽・著

19歳で攘夷（じょうい）の嵐が吹き荒れる日本の土を踏み、幕末から明治にかけての日本史の転換期を20年もの間見詰め続けた英国外交官アーネスト・サトウの日記を軸に描いた大佛次郎賞受賞の大河ヒストリー。

『晩年のスタイル』
（岩波書店）
エドワード・W・サイード・著
大橋洋一・訳
〈品切れ〉

リヒャルト・シュトラウス、グレン・グールドら、人生の晩年の円熟や妥協に背を向け、調和や和解とも無縁で、破局的とも言える境地に達した芸術家たちとその作品を、パレスチナ生まれの著者が、音楽、文学、映画、思想など幅広く考察。

『ヨーロッパの100年』上・下巻
（徳間書店）
ヘールト・マック・著
長山さき・訳 〈品切れ〉

ジャーナリストを経て作家となった著者が、オランダの夕刊紙に毎日連載するため2000年から欧州を巡る旅に出発。重層的に積み重なった20世紀の記憶を一つひとつはがしていくような歴史紀行。同国で40万部のベストセラーに。

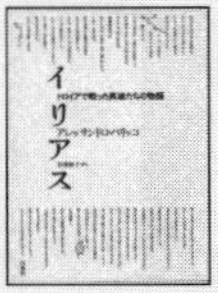

『イリアス――トロイアで戦った英雄たちの物語』
（白水社）
アレッサンドロ・バリッコ・著
草皆伸子・訳

『海の上のピアニスト』の作家が、ヨーロッパ文明最古の長大で難解なホメロスの叙事詩を朗読用短縮版として完成。アキレウス、オデュッセウス、ヘクトルら英雄たちが躍動するアカイア軍とトロイア軍の戦いを格調高い筆致で描く。

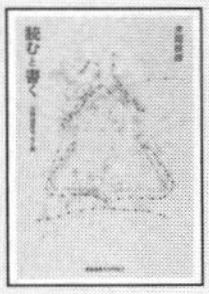

『読むと書く――井筒俊彦エッセイ集』
（慶應義塾大学出版会）
井筒俊彦・著 若松英輔・編

東洋思想と西洋思想との「対話」をつくり出そうとしていた知の巨人、井筒俊彦によるエッセー集。初期のイスラム研究、世界の言語、生い立ちや交流関係などをつづった1939～90年までの70編を収録。井筒俊彦入門に適した一冊。

すずき・こういち　1946年神奈川県生まれ。71年早稲田大学文学部卒。72年日本能率協会入社。インダストリアル・エンジニアリング、新規事業開発などを担当。82年日本アプライドリサーチ研究所代表取締役。ベンチャー企業の育成指導、産業、経済の調査・研究、地域開発のコンサルテーションなどを行う。92年12月インターネットイニシアティブ企画取締役。94年4月代表取締役社長（新聞掲載当時）。2013年6月に代表取締役会長兼CEO（最高経営責任者）に就任。「東京・春・音楽祭」実行委員長。

（2012年1月25日掲載　構成・高橋和子　撮影・星野章）

MOTOKUNI TAKAOKA

エアウィーヴ
代表取締役会長

高岡本州

本に浸った日々が経営のよりどころに

経営者としての自分を形づくった読書体験

大学は理系でしたが、大学院では経営学を修めました。いずれ父の会社を継ぐかも、との思いがあったからです。その時期は、**『エクセレント・カンパニー』**（トム・ピーターズ、ロバート・ウォーターマン著、大前研一訳、英治出版）、**『競争の戦略』**（M・E・ポーター著、土岐坤、服部照夫、中辻万治訳、ダイヤモンド社）など、経営本に埋もれました。こうしたテクニカルな本とは違った角度で経営者としての心の在り方を学べたのが、D・カーネギーの**『道は開ける』**と**『人を動かす』**（山口博訳、創元社）です。前者は悩みの解消法、後者は人との付き合い方を説く書で、仕事で行き詰まると思い返します。

大学院を終え、2年間アメリカで学んだ後、父が経営する日本高圧電気で働きました。社長職を継いだのは37歳の時。この頃、取引先の電力会社の方から勧められ、日本アスペン研究所のセミナーに参加しました。アスペン研究所は、戦後、アメリカで開催された「ゲーテ生誕200年祭」において、「近代化の中で失われていく価値をどう取り戻すか」という問題が提起されたことに由来する知的交流の場です。教材は東西の古典で、**『おくのほそ道』**の「草の戸も住替《すみかは》る代《よ》ぞひなの家」という冒頭の句に心揺さぶられる経験をしました。江戸に戻らぬ覚悟で旅に出た松尾芭蕉《まつおばしょう》の境地に触れ、命懸けの道程が文化や芸術を生むのだと強く感じたのです。10代の時にはそこまで読み取れませんでした。一つの道を極めた人への敬意が募ったセミナー体験は、アスリートや芸術家たちを支援する現在の事業活動に通じています。

44歳（2004年）の時に漁網や釣り糸を作る射出成型機を製造する中部化学機械製作所（現・エアウィーヴ）を経営する伯父から、倒産寸前の同社を引き継いでほしいと言われました。社員は10名に満たなかったので、日本高圧電気に吸収する選択肢もありましたが、工場の技術力を残してほしいという伯父の思いを胸に新製品の開発に取り組み、釣り糸を作る技術を応用して樹脂製のマットレスパッドを開発しました。日本高圧電気は配電機器類のメーカーで、製造するカットアウトという製品は国内シェア6割を占めます。故障すると停電になってしまうという、電力インフラを陰で支える製品です。一方、マットレスパッドは人々の睡眠を支える生活インフラです。真面目な技術開発と誠実な経営を旨とするのは配電機器事業と何ら変わりません。インフラ事業という大義を掲げて事業に邁進《まいしん》する上で鼓舞された本があります。戦後、民間主導の電力会社再編を推進した松永安左ェ門《まつながやすざえもん》の伝記**『まかり通る――電力の鬼・松永安左ェ門』**です。福澤諭吉《ふくざわゆきち》など時代の担い手たちと関わりながら人間的成長を遂げ、新しい事業に挑戦し、電力インフラの道筋を付けた生き方に励まされました。

読書を通じて鍛えた課題を設定する力

二足のわらじで事業を始めた頃、**『国家の品格』**が刊行されました。数学者が、「論理には限界がある」「美の存在しない土地に数学の天才は生まれない」と語っていることが、理系出身としては衝撃的でした。また、日本古来の「情緒」や「形」を忘れてはならない、品格ある生き方をせよ、というメッセージに共感しました。当社は近年、類似品の横行に直面しています。品格ある経営こそが信頼と差別化への道だと考えています。

マットレスパッドを売り出し始めた翌年の２００８年、東大ＥＭＰ（東京大学エグゼクティブ・マネジメント・プログラム）の一期生となりました。このプログラムは、「あなたは『何を知らないのか』すら知らない」をモットーに、あらゆる分野の最先端の知識を学ぶことで新たな発想を引き出そうというもので、働きながら半年間通いました。期間中に出された課題本は約80冊。例えば、農薬などによる環境汚染の問題を提起した名著**『沈黙の春』**について、「アフリカの飢餓地域の人に読ませたらどう思うか？」などと独自の視座で考えを深め、本に書かれていない新たな課題を見付ける訓練をしました。プログラムを通じて、リーダーに最も必要なのは、「課題を設定する能力」であることを学びました。

最後は、**『稲盛和夫の実学――経営と会計』**（稲盛和夫著、日本経済新聞出版社）です。私の使命は、お客様が喜ぶ製品を提供すること、社員の生活を守ること、会社を永続的に運営し、経営の質を高めることです。これらを遂行するためには、会計に明るい経営者でなければなりません。本書はその教科書で、海外展開のタイミングなどについて多くのヒントを得ました。

読書は経営者に必要な教養や哲学を育みます。エアウィーヴの本社は東京、日本高圧電気の本社は愛知県にあり、毎週両社を往復しながら経営を見ているので忙しいですが、セミナーへの参加など、本を読む環境に強制的に自分を追い込んできたことが、今に生きている気がします。

TAKAOKA'S RECOMENDED BOOKS

『道は開ける（文庫版）』
（創元社）
D・カーネギー・著　香山晶・訳

悩みを解決する方法や自己変革へのヒントを、著者の生い立ちや膨大な読書経験、著名人へのインタビューなどをもとに教える世界的ロングセラー。

『芭蕉 おくのほそ道
――付・曾良旅日記
奥細道菅菰抄』
（岩波書店）
松尾芭蕉・著　萩原恭男・校注

人生を「旅」と観じ、自己の生活をそのまま芸術と化した「風狂」の姿。紀行文の形を取りながら自らの俳諧の到達点を示そうとした松尾芭蕉の代表作。

『まかり通る
――電力の鬼・松永安左ェ門』
（東洋経済新報社）
小島直記・著

政・官の抵抗勢力を向こうに回し、電力会社分割を成し遂げるなど戦後日本の屋台骨を作った松永安左ェ門。激動期を勝ち抜いた90余年の痛快人生を描く。

『国家の品格』
（新潮社）
藤原正彦・著

今の日本に必要なのは、論理よりも情緒、英語よりも国語、民主主義よりも武士道精神、「国家の品格」を取り戻すこと。数学者である著者の画期的日本論。

『沈黙の春』
（新潮社）
レイチェル・カーソン・著
青樹簗一・訳

海洋生物学者の著者が、農薬など化学物質による、人や動物の健康被害、土壌汚染や水質汚染などを告発。初版は1962年。環境運動の端緒となった一冊。

たかおか・もとくに　1960年愛知県生まれ。83年名古屋大学工学部応用物理学科卒。85年慶応義塾大学大学院経営管理研究科修了（MBA）。同年日本高圧電気入社。87年スタンフォード大学大学院経済システム工学科修了。98年から日本高圧電気代表取締役社長。2004年中部化学機械製作所（現・エアウィーヴ）代表取締役社長。14年9月から代表取締役会長。

（2015年5月24日掲載　構成・高橋和子　撮影・合田和弘）

LEADERS AS READER

HITOSHI TANAKA

ジェイアイエヌ
代表取締役社長

田中 仁

本は心と経営のビタミン剤

道を極めた先達たちに心の在り方を学ぶ

学生時代はあまり本を読みませんでした。読書に目覚めたのは起業してから。本から多くのヒントをもらい、おかげで今があります。

20代半ばで起業。ビジネスを進める上で自分がいかに物を知らないかに気が付き、取りつかれたように本を読み始めました。**『沢庵《たくあん》――不動智神妙録』**は、税理士の先生に薦められて読んだ本です。沢庵和尚が柳生但馬守《やぎゅうたじまのかみ》に仏法を通して剣を説いたもので、「心《こころ》を一方《いっぽう》に置かざれば、十方《じっぽう》にあるぞ」「一所《ひところ》に定《さだま》り留《とどま》りたる心《こころ》は、自由《じゆう》に働《はたら》かぬなり」といった言葉の数々は、人生の指針となっています。実は、初読ではピンとこず、腑《ふ》に落ちたのは、後にビジネスで大勝負をした時です。2006年の上場後、2期連続で赤字に転落した当社は、09年9月にブランド名を刷新し、社運を賭けた戦略商品を発売、さらに売り上げの10%を宣伝費に充てるなど、桶狭間《おけはざま》の戦いに挑む信長《のぶなが》のごとく背水の陣を敷きました。その結果は吉と出ました。ビジネスには浮き沈みがあるもので、変化への不安などにとらわれない心が大切だと、本書に重ねて思いました。精神修養の極意を伝える書として、宮本武蔵《みやもとむさし》の**『五輪書』**(鎌田茂雄訳注、講談社)、山岡鉄舟《やまおかてっしゅう》の**『剣禅話』**(高野澄編訳、徳間書店)も愛読しています。私にとってこの3冊は、「心の書」です。〝09年9月の桶狭間〟に際して参考にしたのが、柳井正《やないただし》さんの著書**『一勝九敗』**です。試行錯誤や失敗を繰り返しながら「ユニクロ」を成功に導いた足跡がつづられ、この本を読んだ私は、いつか柳井さんにお会いしたいと思っていました。知人を介してそれが実現したのは、当社の業績が厳しい状況にあった08年の年末。この時、「志なき企業に成長はない」と柳井さんに指摘され、ハッとしました。そして本書を読み直し、「自分の会社は何を目指しているのか」「経営環境はめまぐるしく変化しているのに、組織の維持に終始していたのではないか」などと省み、企業改革に踏み切ったのです。振り返ると、沢庵和尚や山岡鉄舟の本を読んで、「志」や「心を止《とど》めずに動くこと」の大切さに気付いていたからこそ、柳井さんの言葉が胸に響き、大胆な行動ができたのかなと思います。

組織論を読み込み経営課題を明確化

大改革を決断した私は、役員を集めて熱海で合宿を張り、経営改革の糸口となるビジョンを決め、戦略を固めました。その際に教科書としたのが、**『V字回復の経営――2年で会社を変えられますか』**です。ストーリー仕立ての経営書で、本書に登場する経営改革チームのリーダー・黒岩莞太《くろいわかんた》の手法に多くを習いました。「企業戦略の最大の敵は、組織内部の政治性（危機感の欠如と変化への恐れから、新しい変革に背を向け、身の安全を図ること）である」「なぜ儲《もう》からないかと言えば、社内活動で社員が商品に新たに付加している付加価値が低い。つまり組織の『価値連鎖』が弱い。同じように、顧客へのレスポンスが遅い企業では、組織の『時間連鎖』が崩れている」といった内容をもとに自社の課題を見いだし、解決を図りました。油断するといつでも起こり得ることで、今も肝に銘じています。

私は今、大学院に通って消費行動の研究をしています。**『創発経営のプラットフォーム――協働の情報基盤づくり』**は、研究会でテーマとなった本です。本書で言う「プラットフォーム」とは、「多様な主体が協働する際に、協働を促進するコミュニケーションの基盤となる道具や仕組み」のことで、「プラットフォーム構築の巧拙が、地域社会の再構築から、地球規模の環境問題の解決、さらには個別企業の活性化にいたるまで、さまざまなレベルでの課題を解決するうえで、決定的に重要な意味を持っている」としています。特にネット社会においては、国や職業を超えた交流が進んでおり、プラットフォームの設計次第で創発的な価値を生むことができるのではないかと、私も思います。当社は今後、海外展開にも力を入れていく予定で、こうした概念をビジネスに生かしていきたいと考えています。

『経営者の役割』も大学院の課題として読んだ本です。大変難解なのですが、自分なりにかみ砕いて、「経営者の役割とは、それぞれ特性を持った個人を結び付けて有機的な組織にすること。そのために、職場の風通しを良くし、所属する人間が意欲を高め、気持ちよく働ける環境を作ること」と解釈しました。特に印象的だったのは、「リーダーシップは協働諸力に不可欠な起爆剤である」という言葉で、気持ちが鼓舞されました。

『沢庵――不動智神妙録』
(たちばな出版)
沢庵宗彭・著　池田論・訳
〈品切れ〉

戦国末期から江戸初期にかけての臨済宗の僧・沢庵が、柳生但馬守に対して剣禅一如を説いた書。剣に生きる姿勢を説く中で、人としての在り方を示す。

『一勝九敗』
(新潮社)
柳井正・著

「ユニクロ」を展開する著者が、株式上場、急成長、業績低迷の実態に触れつつ、高品質の衣料を低価格で売れる理由や宣伝戦略など、経営哲学を語る。

『V字回復の経営――
2年で会社を変えられますか』
(日本経済新聞出版社)
三枝匡・著

戦略的なアプローチと高い志を持つリーダー・黒岩莞太のもと、不振事業再建に挑む男たち。実際に行われた組織変革を題材に企業再生のカギを説く。

『創発経営のプラットフォーム
――協働の情報基盤づくり』
(日本経済新聞出版社)
國領二郎、
プラットフォームデザイン・
ラボ・編著

オープン・ネットワーク時代の組織・戦略を考える上で欠かせない概念「プラットフォーム」の論理と機能をIT経営研究の第一人者の著者が中心となって解明。

『新訳　経営者の役割』
(ダイヤモンド社)
C・I・バーナード・著
山本安次郎、田杉競、飯野春樹、訳

経営組織の基本理論を確立した名著。ゴードン、デール、ホールデンなどの実証的研究に対し、サイモンとともに理論的研究を展開、経営者の役割を探る。

たなか・ひとし　1963年群馬県生まれ。88年にジェイアイエヌを設立。2001年、アイウエアブランド「JINS」(ジンズ)を開始。06年大証ヘラクレス(現・ジャスダック)に株式上場。13年に東証1部上場。

(2013年7月29日掲載　構成・高橋和子　撮影・合田和弘)

KAZUYOSHI FUJITA

大地を守る会
代表取締役社長

藤田和芳

読書で情熱の行き場が見えた

理想と現実の狭間《はざま》を埋めてくれた本

私の故郷は岩手県胆沢《いさわ》町、今の奥州市胆沢区です。8世紀に蝦夷《えみし》のリーダー、アテルイが本拠とした土地です。蝦夷の民を獣《けもの》扱いして虐《しいた》げ、黄金を求めて攻めてくる朝廷の大軍を相手に、アテルイは20年余りも戦いました。

『火怨——北の燿星アテルイ』は、その誇り高き人生と、朝廷軍の知将・坂上《さかのうえの》田村麻呂《たむらまろ》との攻防を描きます。自分たちは平和に暮らしたいだけで何も望んではいない、朝廷の人々と同じ心を持つことを示したいのだ、というアテルイの悲痛な叫びに強い共感を覚えました。私自身、社会的弱者の立場で物を考える傾向が強く、国家権力に物申さんと学生運動に熱心だった時期もあります。アテルイと同じ蝦夷の血を我が身に感じながら読みました。そうした思い入れを除いても、すばらしい感動大作です。

全共闘世代の私は、かつて学生運動に身を投じ、ベトナム戦争や日米安保の問題について学生新聞に記事を書いたりもしました。しかし、純情な思いはいつしか行き場を失いました。卒業後は出版社に就職しましたが、「あんなに理想に燃えていた自分が、一介の小市民になってしまった」と鬱屈《うっくつ》を抱えました。そうした時に出会ったのが、E・F・シューマッハーの**『スモール　イズ　ビューティフル――人間中心の経済学』**です。人間の止めどない欲望を刺激し、生産性しか追求しないような文明は存続できない。限りある資源を無節操に使い続ければ、いつか奪い合いが起こる、といった内容を読み、学生時代の自分の行動について、マルクスやレーニンとは違った理論的整理ができたような気がしました。「大きいことはいいことだ」という風潮の中で、競争社会のひずみが差別や貧困を生むこと、効率重視の大量生産が環境破壊を招いていること。あるいは対米追随やグローバリズムの疑わしさを、無意識に感じていたのだと。一方でシューマッハーは、組織を大きくすることは必ずしも悪いことではなく、創造的自由を持った小さな単位と両立させながら社会的大義に向かえと言っており、後に経営の参考にもなりました。

農業公害の深刻さを知り有機農業に目覚める

私が大地を守る会を立ち上げたのは、75年のことです。朝日新聞で連載された有吉佐和子《ありよしさわこ》さんの小説『**複合汚染**』を読んだことがきっかけでした。市場に出回るのは、形のそろった野菜や、虫が湧かない米。それらを生産するために農薬や化学肥料を大量に使い、妊婦の妻の健康被害を恐れて農作業の現場に近付けさせない農家もある。除草剤や排出ガスなど様々な汚染物質の相乗作用が人体に及ぼす影響については、学者も把握し切れていない。こうした事実を知り、何とかしなければという思いで有機農業の普及を目指しました。当初支持してくれたのは、アレルギーや病気に苦しむお子さんを持つお母さんたちで、この小説を読んで目覚めた方も少なくありませんでした。農家や消費者の意識の高まりとともに、国内の農薬公害は少しずつ改善されてきました。一方で、格差の広がりで、輸入食品に比べて価格が高めな国産食品に手が届かない人たちがいます。そうした問題も社会全体で解決していかなければならないと感じています。

若き日の思い出に重なる本をもう一冊、『**水滸伝**』です。北方謙三《きたかたけんぞう》さんが、学生運動の体験とキューバ革命をモチーフに執筆したと知り、手に取りました。確かに、強大な権力に立ち向かう梁山泊《りょうざんぱく》の男たちはカストロやゲバラに、さらには全共闘運動に燃えた学生たちに見立てることもでき、わくわくしながら読みました。続編の『**楊令伝**』(集英社)も読み、刊行途中のその続編『**岳飛伝**』も既刊本は読んでいます。

最後は、**『ソーシャル・ビジネス革命――世界の課題を解決する新たな経済システム』**です。著者は、貧困層の経済的自立を目指してグラミン銀行を創設したムハマド・ユヌス氏です。彼は、貧困、福祉、医療、環境などにおける課題を、寄付や国の助成金がなければ資金が底をつく非営利事業ではなく、ビジネスの手法で解決することの意義を説きます。きちんと利益を上げ、社会問題の根絶のために充てるソーシャルビジネスは、「日本の第一次産業を守り育てること」「人々の健康と生命を守ること」「持続可能な社会を創ること」を使命に掲げる当社の企業活動そのもので、読んで励まされました。

FUJITA'S RECOMENDED BOOKS

『火怨——北の燿星アテルイ』上・下巻
（講談社）
高橋克彦・著

8世紀、黄金を求めて陸奥（むつ）を支配せんとする朝廷の大軍に、蝦夷の若きリーダー、アテルイが立ち向かう。蝦夷の心を守り戦い抜いた英雄の歴史巨編。

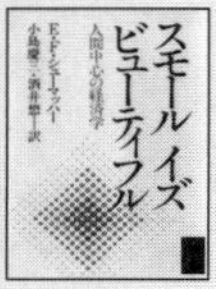

『スモール イズ ビューティフル——人間中心の経済学』
（講談社）
E・F・シューマッハー・著
小島慶三、酒井懋・訳

物質至上主義と科学技術の巨大信仰を痛撃しながら、産業社会の病根をえぐる。1973年刊行時に石油危機を予言、原子力の利用についても警鐘を鳴らす。

『複合汚染』
（新潮社）
有吉佐和子・著

工業廃液や合成洗剤の河川汚濁、化学肥料や除草剤の土壌汚染、食品経由の人体への毒物の蓄積などを指摘、自然と生命の危機を訴えた75年の話題作。

『水滸伝』全19巻
（集英社）
北方謙三・著

12世紀の中国、北宋末期。政府は腐敗し切っていた。世直しへの強い志を胸に、強大な官軍を倒すべく立ち上がった男たちが命懸けの戦いを繰り広げる。

『ソーシャル・ビジネス革命——世界の課題を解決する新たな経済システム』
（早川書房）
ムハマド・ユヌス・著
千葉敏生・訳

ノーベル平和賞を受賞した著者が、自らの取り組みや世界の企業の実例、日本の産学との連携などに触れつつソーシャル・ビジネスの可能性を熱く語る。

ふじた・かずよし　1947年岩手県生まれ。上智大卒。75年、有機農業普及のためのNGO「大地を守る会」設立。著書に『有機農業で世界を変える——ダイコン一本からの「社会的企業」宣言』（工作舎）ほか。ソーシャルビジネス・ネットワーク代表理事。上智大学で講師も務める。

（2013年5月22日掲載　構成・高橋和子　撮影・星野章）

LEADERS AS READER

YOSHIHIKO MIYAUCHI

オリックス
シニア・チェアマン

宮内義彦

若い人たちに薦めたい、世界や歴史を見渡す書

多くの示唆を与えられた読書

子どもの頃は、スタンダールやヘルマン・ヘッセの著作など、主に小説に親しんでいました。ここでご紹介するのは年を取ってから読んだ本ばかりですが、最初の2作は若い人にお薦めします。

『文明の衝突』は、冷戦後の社会の対立軸が、イデオロギーではなく、文明と文明の衝突であるとし、中でも西欧文明とイスラム文明の衝突に警鐘を鳴らす内容が話題となりました。それ以上に私が注目したのは、著者が現代の主要文明を八つに分類し、世界的に中国の儒教文明の一員と見なされてきた日本を固有の文明として認識している点です。全く同感しますが、「我が国の文明は特別だ」といって浮かれていい話ではないと思いました。日本の人口は世界全体の2％にも満たず、外交も企業経営も、他文明と協調できなければ一気に孤立に向かってしまうと。だからこそ、世界へ向けた日本からの発信が必要だと思います。本書は、「西欧の普遍的な文化を広めようとすることによって起こる不調和」を説くなど、文明それぞれの課題も浮き彫りにします。発表されたのは10年以上前ですが、なお多くの示唆に富む一冊です。

『昭和史』は、明治維新から日露戦争まで40年の時を経て近代国家を築いた日本が、著者の半藤一利《はんどうかずとし》氏いわく、「うぬぼれ、のぼせ、世界中を相手にするような戦争をはじめ、明治の父祖が一所懸命つくった国を滅ぼしてしまう」過程を、軍部の無謀な動きや、国民が戦いに熱狂していくさまを丹念に追いながら伝えます。子どもの頃の戦争体験と重ね、当時の世情を思い出しながら読みました。嘆くべきことに、若い人たちからは「学校で昭和史をあまり習わなかった」と聞くことが多く、歴史観が足りないように感じます。本書を読んで未来への教訓としてほしいものです。

重厚緻密《ちみつ》な幕末伝と偉大な経済学者の伝記

『天皇の世紀』は、明治天皇が生きた時代を大佛次郎《おさらぎじろう》氏がつづる大作で、幕末の有名事件が淡々と描かれていきます。東京大学の御厨貴《みくりやたかし》教授に、「第一級の史伝です」と教えていただいたことを励みに、土日に少しずつページを繰り、3年掛けて読了しました。『鞍馬天狗《くらまてんぐ》』を書いた人の作品とは思えないほど娯楽色は薄く、司馬遼太郎《しばりょうたろう》氏の幕末ものを読んだときのような高揚感や痛快感はありません。ただ、明治維新に至る道のりの危うさが、冷静な筆致からひしと伝わってきます。幕府や志士たちの行動が、あと少し遅かったら、あと少し違ったら、列強の植民地になっていたであろうと。辛勝した日露戦争も、惨敗した昭和の戦争も、「紙一重の外交」の根はこの時代なのだと思いました。著者が執筆中に亡くなり、新政府軍と長岡藩との戦いのあたりで未完に終わってしまったのが残念ですが、それでも大変読み応えのある10巻でした。

『シュンペーター伝――革新による経済発展の預言者の生涯』は、「創造的破壊」「信用創造」などの理論を生んだ経済学者の伝記です。私は大学時代にケインズを勉強し、留学したアメリカの大学院でも経済学部の本流はケインズの理論でした。シュンペーターの理論は全く習わず、マルクスやエンゲルスに至っては異端の学問という扱いでした。しかし、社会科学や心理学などあらゆる分野を研究対象としたシュンペーターの学者としての総合力は、ケインズをはるかにしのぎ、マルクスに匹敵すると思います。ハーバード大学の教授として知られた人ですが、ヨーロッパで生まれ育ち、銀行経営に失敗して借金を抱え、数々の女性を愛したことなど、その波瀾万丈《はらんばんじょう》の人生と研究成果を見事にまとめた一冊です。

日本再生のカギは変革に取り組む精神

最後にご紹介するのは、尊敬する若手ジャーナリスト、三宅伸吾《みやけしんご》氏の著書**『Google《グーグル》の脳みそ**

――**変革者たちの思考回路』**です。三宅氏は、グーグルの成長戦略に注目し、同社副社長、ケント・ウォーカーの言う、「新しいサービスは偶発的なものを含め、世界のどこかで常に一部の法的リスクを抱える。我々はユーザーの利便性とリスクとを秤《はかり》にかけ挑戦する」という考え方が、日本社会の発展に欠かせないとしています。しかしながら、今の日本の企業は、新種のビジネスが合法か違法かがはっきりしない場合、事業計画を断念してしまうと。私も、日本の社会全体が「コンプライアンス」と称する妖怪におびえ、萎縮しているように思います。本当に必要なのは、リスクを恐れず、人々の役に立つ事業に果敢に取り組む企業家精神と、それを後押しするような政策です。本書は、既得権益を保護し、年金や医療などの規制改革を妨げる要因にもなっている「1票の格差」問題や、農業や福祉などさまざまな分野における参入障壁など、日本の経済活性化にブレーキを掛ける諸問題について次々と指摘していきます。閉塞した現状をどうしたら変えられるのか、多くのヒントが詰まっています。

常に私は3冊の本を併読しています。1冊は話題の新刊など今読みたい本で、飛行機や電車での移動の際に楽しみます。もう1冊は硬めの本や長編で、ここと決めた土日に気合いを入れて読みます。残りの1冊は捕物帳など気軽に読める本で、逆に気合いが入らない時に何でもよいから活字をということで読んでいます。退屈に感じた本は、若い時分のように律義に読了しなくなりました。貴重な時間は興味の持てる良書と過ごしたいからです。

MIYAUCHI'S RECOMENDED BOOKS

『文明の衝突』
(集英社)
サミュエル・ハンチントン・著
鈴木主税・訳

世界の枠組みを、中華・日本・ヒンドゥー・イスラム・西欧・ロシア正教会・ラテンアメリカ・アフリカという八つの文明圏に分類し、西欧と「儒教－イスラム・コネクション」の対立構造など、21世紀の国際情勢を予見。

『昭和史』戦前篇・戦後篇
(平凡社)
半藤一利・著

日中戦争から太平洋戦争、そして戦後を、張作霖爆殺、満州占領、二・二六事件、ノモンハン事件、陸軍の南進、敗戦、独立、安保闘争、高度経済成長、三島事件などの出来事に焦点を当てて検証する講義録。現代に通じる問題を提起する。

『天皇の世紀』全10巻
(朝日新聞出版)
大佛次郎・著

1967～73年まで朝日新聞朝刊に連載。明治天皇生誕から、新政府軍と長岡藩との攻防など戊辰（ぼしん）戦争まで、激動の時代を描いた史伝文学の傑作。装画は安田靫彦、奥村土牛、杉山寧など。分かりやすい注解と、地域別年表付き。

『シュンペーター伝
――革新による経済発展の預言者の生涯』
(一灯舎)
トーマス K・マクロウ・著
八木紀一郎・監訳　田村勝省・訳

『資本主義・社会主義・民主主義』などを著した経済学者、ヨーゼフ・シュンペーターの伝記。資本主義の本質を「革新」として捉え、多くの大著を著した過程や、知日家だった妻の存在などを、日記や書簡、写真を豊富に引用しながら描き出す。

『Googleの脳みそ
――変革者たちの思考回路』
(日本経済新聞出版社)
三宅伸吾・著

日本の閉塞感の正体は、諦めや「依存のマインド」だとし、Googleに見られる「社会に有益なら許可を取る前にまずやってみる」という覚悟、自立した個人の成長と企業家の背中を押し、革新を生み出す「やる気システム」の効用を説く。

みやうち・よしひこ　1935年兵庫県神戸市生まれ。58年関西学院大学商学部卒。60年ワシントン大学経営学部大学院修士課程（MBA）卒。日綿實業（現・双日）入社。64年オリエント・リース（現・オリックス）入社。70年取締役。80年代表取締役社長・グループCEO（最高経営責任者）。2000年4月代表取締役会長・グループCEO。03年6月取締役兼代表執行役会長・グループCEO（新聞掲載当時）。14年6月シニア・チェアマンに就任。

(2012年4月23日掲載　構成・高橋和子　撮影・星野章)

第3章

伝統をつなぐ

YOICHIRO USHIODA

LIXILグループ
取締役会議長

潮田洋一郎

歴史に育まれた思想を読み、思考を深めて目を養う

経験の価値を見付け、ホッ

子どもの頃から本が好きで、高校、大学時代はデカルト、パスカル、モンテーニュなど思想家たちの本を盛んに読みました。万物を疑い抜いて真理を探る、逆説的に物事を捉える、といったことが若い気分に合っていたのでしょう。

読書量のピークはアメリカの大学院で学んでいた時。教科1期分の〝必読書〟だけでも積み重ねると自分の背の高さを超えました。ビジネス書も読みあさりましたが今はめったに読みません。基本は学び切ったという思いがあるので、新聞があれば十分です（笑）。

最初に紹介するのは、キケローの**『老年について』**です。老賢者の大カトーと2人の若者との対話形式になっていて、「大抵の老人にとって老年はいとわしい」と言う若者に、大カトーは、「老年は思慮や見識で大事業を成し遂げられる」「悪徳の最たる快楽を欲しいとも思わないことこそ快い」などと説きます。キケローは紀元前の人物ですが、室町時代の世阿弥《ぜあみ》が**『風姿花伝』**（野上豊一郎・西尾実校訂、岩波書店）に記した「老いても花は残るべし」という思想との類似を感じます。17世紀のデカルト登場以降、数学的な割り切りで効率優先になり、老人や幼年は隅に置かれるようになりました。しかし、今は老人も等しく参加する社会に徐々に戻ろうとしています。老人の経験の価値を説くキケローの考え方にホッとしています。若い方にもお薦めの一冊です。

『カラマーゾフの兄弟』は、大学時代に1度読んでいましたが、亀山郁夫《かめやまいくお》さんの新訳本が出版された時に改めて読みました。テンポがよく本当に面白かったです。父親に対する息子の葛藤というテーマは男として共感できますし、無神論者の次男イワンが信仰心あつい三男アリョーシャにキリストにまつわる自作劇を語って聞かせる有名な「大審問官」の章も圧巻でした。「人間は自由を差し出し、パンをくれる相手にひざまずく。自由は魅惑的だがこれほど苦しいものもない」という内容は、人の歴史の真理を突いていると思います。

江戸中期は文化の宝庫、知識人たちの完成を味わう

『西洋紀聞』は、鎖国下の江戸中期、日本に潜入し、捕らえられたイタリア人宣教師のシドッチを尋問した新井白石《あらいはくせき》の記録です。ローマ法王庁による日本でのキリスト教布教の失敗を憂えるシドッチは、キリスト教への理解を白石に求めます。白石はシドッチの学識と人間性に感銘を受けつつ、「神と人との一対一の契約」というキリスト教義は、家族や商店や藩などの支え合いで成り立っている日本の社会体系になじまないとの結論に至ります。

この認識は今の時代にも大いに通じ、ビジネスの場面で西洋と日本の文化の違いを考える時によく思い出します。東西を代表する知識人の高潔なやり取りや、シドッチが言葉や価値観を超えて警護の人とも心を通わせていく様子はとても感動的です。

次に、白石の時代からやや下りますが、同時代に生きた大田南畝《おおたなんぽ》の狂歌、漢詩、随筆などを収めた**『大田南畝全集』**を紹介します。南畝は、儒学、詩、画、工芸などあらゆる文化が爛熟《らんじゅく》した天明期を代表する文人で、どの作品もエンターテインメントとして楽しめます。

例えば**『調布日記』**という散策記は、風景の表現に中国の詩の一文が絶妙に織り交ぜられ、詩の意味が分かると実にしみじみと共感できます。私が同書を手に取ったきっかけは、趣味の煎茶でした。仲間と催す「煎茶会」では、南畝を始め江戸の文化人の美意識や作品に込めた思いについて、心ゆくまで語り合います。煎茶を通じて南畝が好きになり、南畝を知るほど周辺の江戸文化に興味が湧き、あれこれ

知識を深めることで煎茶の世界がより広がる。そんな楽しみ方をしています。

身をもって体験した仏教の深遠な教え

最後は、ベトナム生まれの禅僧ティク・ナット・ハンの新刊『**法華経の省察——行動の扉を開く**』です。私は以前ティク・ナット・ハンが来日した際、法話を聞いたり瞑想《めいそう》したりして過ごす「リトリート」に参加しました。歩きながらの瞑想を彼と行った時、沿道の草木の緑が光り輝いて見えるという不思議な体験をしました。本書は、宇宙にある全てのものは相互に関係しているという「インタービーイング＝相互依存」の教えなどを分かりやすく伝えています。波を例えに、「人は、有と無、生と死、始まりと終わりを免れることのできない波としての人生を生き、同時にそれらと無縁な水としての人生も生きている。時間と空間という歴史的次元（波）だけでなく、本源的次元（水）を認識することで、恐れはなくなる」といった仏教の洞察も心に残りました。

経営者には、独自の歴史観や大局観が必要だと思います。社会や経済の行方を見通し、歴史と照らし合わせてどんな段階に至るのかを判断できなければ、足元で起こっていることへの適切な対処もできません。私は、先達たちの深い洞察を知ることが、歴史観や大局観を養う何よりの方法だと考えています。

USHIODA'S RECOMENDED BOOKS

『老年について』
（岩波書店）
キケロー・著　中務哲郎・訳

老賢者大カトーが文武に秀でた2人の若者を屋敷に迎え、自ら到達した境地から老いと死について語る対話編。公の活動、肉体、快楽、死というテーマで老年を検証し、老年の思慮、教養、無欲を肯定。老いの輝きを伝えるローマ古典。

『カラマーゾフの兄弟』全5巻
（光文社）
ドストエフスキー・著
亀山郁夫・訳

好色な父親、直情型の長男、合理主義者の次男、純朴な三男、蠱惑（こわく）的な女性たちを軸に展開される愛憎劇。父親殺害後は推理劇、裁判劇の様相を呈する。信仰、自由など多くの思想的テーマを含む大作。

『西洋紀聞』
（岩波書店）
新井白石・著　村岡典嗣・校訂

江戸中期の旗本で学者の新井白石がイタリア人宣教師シドッチを審問した記録。シドッチが月代（さかやき）をそり日本人になりすまして密航した様子や、その知性と人間性、キリスト教や諸外国に対する白石の鋭い洞察などが描かれる。

『大田南畝全集』
全20巻・別巻1
（岩波書店）
大田南畝・著
濱田義一郎、中野三敏、日野龍夫
揖斐高・編集　〈品切れ〉

多才な文業で知られ、天明期の庶民を熱狂させた大田南畝の狂歌、狂文、狂詩、漢詩文、戯作、日記、紀行、随筆などを収録。「好きなのは漢詩文や日記。美的感覚あふれる秀作が多く、江戸中期の文化レベルの高さがうかがえます」

『法華経の省察
――行動の扉を開く』
（春秋社）
ティク・ナット・ハン・著
藤田一照・訳　〈品切れ〉

ベトナム戦争の際に中立の立場から平和と停戦を訴え、北からも南からも敵視されてフランスに亡命した著者が、大乗仏教の理想、社会と関わり行動する菩薩（ぼさつ）の生き方、「今この瞬間への気付き」がもたらす幸福などを説く。

うしおだ・よういちろう　1953年生まれ。77年東京大学経済学部卒。同年トーヨーサッシ（現LIXILグループ）入社。90年同社代表取締役副社長。2001年INAXトステム・ホールディングス取締役副社長。06年住生活グループ代表取締役会長兼CEO（最高経営責任者）、トステム（現LIXIL）代表取締役会長兼CEO。11年住生活グループ取締役代表執行役会長兼CEO、LIXIL代表取締役会長（新聞掲載当時）。12年からLIXILグループ取締役 取締役会議長。

（2011年6月22日掲載　構成・高橋和子　撮影　星野章）

MASAHIRO OTAKE

小糸製作所
代表取締役会長兼ＣＥＯ

大嶽昌宏

青春の輝きも老いの輝きも本から

高校時代に読みふけった石坂洋次郎《いしざかようじろう》の作品群

学生時代を振り返ると、特別な勉強をした記憶がないのですが、国語の成績がどの教科よりも良かったですね。幼少期に母が**『世界少年少女文学全集』**(川端康成ほか監修、小学館)などを読み聞かせてくれたおかげだと思っています。まだ文字が読めない時分から本を「聞く」ことで、想像力や文意を察する力が養われました。とはいえ、やんちゃ盛りになると友人と遊ぶのに忙しく、必ずしも読書好きな子どもではありませんでした。本の面白さに目覚めたのは高校2年生の時。石坂洋次郎の青春小説に夢中になり、**『陽《ひ》のあたる坂道』『青い山脈』**(新潮社)**『あいつと私』**(新潮社)など次々に読みました。自分より少し年上世代の淡い恋模様に憧れ、甘酸っぱい気持ちでページを繰った記憶があります。ずいぶん純情でした(笑)。

社会人になってからは、自動車メーカーの成長戦略や経営者のリーダー論など、仕事に関係する本を読むことが多くなりました。そうしたいわば〝教科書〟を優先してきたため、40代半ばになって、ある大作を読んでいなかったことに気が付きました。**『坂の上の雲』**です。「小説・日露戦争」としての評価が高い作品ですが、私にとっては二十数年ぶりに夢中になった青春小説でした。正岡子規《まさおかしき》、秋山真之《あきやまさねゆき》、夏目漱石《なつめそうせき》、南方熊楠《みなかたくまぐす》といった英才たちが大学予備門で机を並べて切磋琢磨《せっさたくま》する様子がすがすがしく、彼らがそれぞれ別の道で大成したことにも感心しました。広瀬武夫《ひろせたけお》など留学した若者たちが、経済的、軍事的威光がない中で、品格ある人格によって欧米社会に受け入れられていく姿にも感動しました。読了後は、若い社員に本書を読んだことがあるか、聞いて回りました。若いうちに読むべき作品だと思ったのです。聞いた中の2、3割くらいの人が読んでいました。

『坂の上の雲』と同時代に、隣の中国では、どんな物語があったのかといえば、虚実を巧みに織り交ぜて伝えた傑作が、**『蒼穹《そうきゅう》の昴《すばる》』**です。主人公・李春雲《リイチュンユン》は、自ら浄身して宦官《かんがん》として立身を目指し、彼と同郷の兄貴分・梁文秀《リァンウェンシュウ》は、高級官僚として衰えゆく清朝の改革に挑みます。諸外国の圧力が強まる中で、古い因習を守ろうとする者と、伝統の殻を破ろうとする者。相反する思惑が渦巻く人間ドラマに引き込まれました。宦官の日常や役割、科挙の試験風景など、日本人になじみのない文化の克明な描写も興味深いです。仕事で北京に赴いた際、紫禁城を訪れ、本書と、清朝最後の皇帝・愛新覚羅溥儀《あいしんかくらふぎ》の生涯を描いた映画『ラストエンペラー』に接しておいて良かったと思いました。シーズンオフの真冬でしたが、ひっそりした城内で、そこに生きた人々に思いをはせました。

武士道の名著に見る並々ならぬ選択の覚悟

『武士道の名著──日本人の精神史』は、日本に伝わる数々の武士道書の真意を読み解きます。例えば、佐賀藩士・山本常朝《やまもとじょうちょう》の**『葉隠《はがくれ》』**には、「二者択一の場において、死ぬ確率の高い方を選べ。人は死ぬ可能性が少ない方に適当な理屈を付け、そちらを選びたくなるが、それは重大な失態につながる恐れがある」「見て見ない振りをしたり逃げたりした場合は生き延びることができるが、それは切腹に値する武士の恥である」「奉公の至極の忠節は、主君に諫言《かんげん》して、藩を治めることである。下の方の地位にうろうろしていては役に立たない。それならば、家老になるのが奉公の至極である」といったことが書かれているそうです。切腹うんぬんはともかく、現代の施政者や企業人に欠けている心構えではないか。そんな印象を持ちました。

最後は、**『置かれた場所で咲きなさい』**を紹介します。著者の渡辺和子《わたなべかずこ》シスターを初めて知ったのは、テレビのトーク番組でした。彼女は陸軍教育総監の渡辺錠太郎《わたなべじょうたろう》氏の次女で、9歳の時に二・二六事件に遭遇し、父親が銃弾に倒れるところを目の当たりにしたそうです。大変な経験をしたにもかかわらず、あるいはそれゆえなのか、穏やかで慈愛に満ちた方で、彼女の人柄に引かれて本書を求めました。「どんなところに置かれても花を咲かせる心を持ち続けよう。境遇を選ぶことはできないが、生き方を選ぶことはできる」といった金言が並びます。68歳の私には、「老いは人間をより個性的にするチャンス」という言葉が響きました。今後、心の励みにしていこうと思います。

気になった言葉はそばに置いておく

「ボスは、『わたしが』と言い、リーダーは、『わたくしたちが』と言う」「ボスは、『誰が悪いか』を指し、リーダーは、『何が悪いか』を指す」。これは、私が常々参考にしている言葉です。「ボスは、『それがどのようにして行われるのか』を知りたがり、リーダーは、『それをどのようにするか』を知っている」ということを意味しているのだと思います。ふと手に取った冊子にこれらの言葉を見付けて、切り取ったページを、いつも目の届くところに置いています。

『陽のあたる坂道』
（角川文庫）
石坂洋次郎・著
〈品切れ〉

女子大生の倉本たか子は、出版社を経営する田代家の次女・くみ子の家庭教師になる。たか子はやがて、くみ子の二人の兄とも関わっていく。青春文学の金字塔。

『坂の上の雲』全8巻
（文藝春秋）
司馬遼太郎・著

松山出身の歌人・正岡子規と軍人の秋山好古・真之兄弟の3人を軸に、近代国家を目指す人々の奮闘と、日露戦争の勝利に至るまでを描いた大河小説。

『蒼穹の昴』全4巻
（講談社）
浅田次郎・著

宦官・李春雲と、その心の兄で、科挙の試験に合格し官吏となった梁文秀。二人の行方には様々な困難が待ち受けていた。激動の中国清朝末期を描く大作。

『武士道の名著
——日本人の精神史』
（中央公論新社）
山本博文・著

戦乱期の軍学書『甲陽軍鑑』『五輪書』、太平期の倫理書『山鹿語類』『葉隠』、幕末維新期の思想書『留魂録』『西郷南洲遺訓』『武士道』など12冊の名著を紹介。

『置かれた場所で
咲きなさい』
（幻冬舎）
渡辺和子・著

ノートルダム修道女会に入り、ボストンカレッジ大学院に学び、現在ノートルダム清心学園の理事長を務める著者が、日常の心の在り方をやさしく語り掛ける。

おおたけ・まさひろ　1947年静岡県生まれ。69年慶應義塾大学法学部卒。同年三菱自動車入社。77年小糸製作所入社。87年取締役。2002年ノースアメリカンライティングインク（米国）CEO（最高経営責任者）。05年小糸製作所代表取締役副社長国際本部長・経理本部長。07年6月代表取締役社長（新聞掲載当時）。15年6月から代表取締役会長兼CEO。

（2015年3月17日掲載　構成・高橋和子　撮影・合田和弘）

YOSHIFUMI OMURA

西松屋チェーン
代表取締役社長

大村禎史

読みながら考え、考えながら読む

転職を後押ししてくれたチェーン店経営の教科書

私は、もとは鉄鋼メーカーの研究者でしたが、義父の会社を手伝うために西松屋チェーンに入りました。小売業界のことはまるで知らなかったので、誘われた当初は転職を迷いました。それを察した義父は、渥《あつ》美《み》俊一《しゅんいち》氏の著書群を渡してくれました。渥美先生は、アメリカのチェーンストアの仕組みを調査して日本に紹介し、「暮らしの向上とは、毎日良い状態が続くことで、高級化ではなく日常化が大切。

チェーンストアは生活水準の向上に欠かせない社会インフラである」という信念のもと、チェーンストア経営専門のコンサルタントとして活躍されました。この考え方に触れ、チェーンストアの存在意義を確認し、また、壮大なシステム産業であることに興味を持ちました。著書の中には、店舗の適正規模や商品の条件など、チェーン展開の具体的なノウハウを示したものもあり、これを仮説にして自分なりに実証していけば、当時30店ほどだった店舗数をさらに増やせるのではないかという夢も持ちました。

そうして転職を決意し、少しずつ経営に携わる中で、渥美先生がチェーン経営において重要だと定義する3つのS「Standardization（標準化）」「Simplification（単純化）」「Specialization（差別化）」を追求していきました。後に渥美先生にお会いする機会に恵まれた際は、プライベートブランド（ＰＢ）の重要性について指摘していただきました。ＰＢは現在注力している事業で、ヒット商品も生まれています。渥美先生は４年前（２０１０年）に他界されましたが、膨大な著書を残されました。社員たちには、チェーンストア産業の成り立ちや本質について記した**『21世紀のチェーンストア――チェーンストア経営の目的と現状』**、具体的な運営ノウハウを紹介する**『チェーンストア経営の原則と展望』**の２冊を必読書として薦めています。

実績に基づく含蓄ある言葉の数々に共感

『生き方――人間として一番大切なこと』は、尊敬する経営者、稲盛和夫《いなもりかずお》さんの著書です。僭越《せんえつ》ながら、自分にも思い当たる内容がありました。「こうありたいと願ったなら、あとはすさまじいばかりの強さでその思いを凝縮して、強烈な願望へと高め、成功のイメージが克明に目の前に『見える』ところまでもっていく」という部分です。実は私にも「見えた」瞬間があるのです。現在、標準化しているレイアウトの西松屋の店内風景が脳裏に浮かび、色彩まで付いていたのを覚えています。店の未来について考えに考え抜いた結果の現象だったのかと、読んでから思いました。本書は他にも心に残る言葉が多く、宇宙のメカニズムや生命の神秘に照らして善行や利他精神の尊さを説く内容にも感じ入りました。

『渋沢栄一《しぶさわえいいち》　徳育と実業――錬金に流されず』は「実業の父」と呼ばれる渋沢栄一氏の金言集です。感銘を受けたのは、「仁義道徳を行えば利用厚生の道に反し、富貴栄達を望めば、いきおい人道に欠けるところが出てくるというように解釈している者がないではない。しかし私はこの両者はあくまでも合致し、並行できるものであると信じて疑わない」との言葉。商いを生業《なりわい》とする者として、仁・義・利は相反するものではないという力強いメッセージに励まされました。

最後は、中国古典からえりすぐりの言葉をまとめた**『中国古典一日一言』**です。**『菜根譚《さいこんたん》』『史記』『三国志』『孫子』**など、出典がバラエティーに富んでいるのが魅力で、自分の考え方や行動のバランス感覚を保つ上で役に立っています。常に心に刻んでいるのは、「苟《まこと》に日《ひ》に新《あら》たに、日日《ひび》に新《あら》たに、また日《ひ》に新《あら》たなり（自分を鍛えようとする自覚的な努力が大切）」という**『大学』**の言葉です。「学《まな》びて思《おも》わざれば則《すなわ》ち罔《くら》し、思《おも》いて学《まな》ばざれば則《すなわ》ち殆《あや》うし（読書にのみふけって思索を怠ると、知識が身につかない。思索にのみふけって読書を怠ると、独善的になる）」という**『論語』**の言葉は、私の読書信条です。読んだ本が自分の人生や仕事にどう役立つのか、考え抜く。小説もそうした実用主義的な読み方をします。また、この言葉は経営信条でもあります。我流のビジネスにならないように、業界を問わずあらゆる経験則を学び、よく考え、実践し、さらに学ぶ。その繰り返しを怠らないようにといつも肝に銘じています。

OMURA'S RECOMENDED BOOKS

『21世紀のチェーンストア
──チェーンストア経営の
目的と現状』
（実務教育出版）

渥美俊一・著

チェーンストア産業の歴史やチェーンストア経営の本質を紹介し、人々の日常生活を本当の豊かさへと転換する産業への理解を促す書。著者の代表作。

『チェーンストア経営の
原則と展望［全訂版］』
（実務教育出版）

渥美俊一・著
〈品切れ〉

40数年にわたり流通業大手の経営を指導してきた著者によるチェーン店経営の行動原則集。商品、店舗、財務、マネジメントなどに関する提言が満載。

『生き方
──人間として一番大切なこと』
（サンマーク出版）

稲盛和夫・著

京セラとKDDIを創業し、成功に導いた著者が人生哲学を語る。日常生活での心がけ、倫理・道徳から文明論・宇宙論まで人生の意義を問う。

『渋沢栄一 徳育と実業
──錬金に流されず』
（国書刊行会）

渋沢栄一・著

渋沢栄一の大著『青淵百話』より、道理、商業道徳、正義の実業哲学を中心に再構成。公利公益につながる私利私益こそが実業、その神髄を伝える。

『中国古典 一日一言』
（PHP研究所）

守屋洋・著

中国文学者の著者が、中国古典の中から、単なる知識ではなく、毎日のビジネスや生活に役立つような実践的な知恵を選び、全365編を平易に解説。

おおむら・よしふみ　1955年兵庫県生まれ。79年京都大学大学院工学研究科修士課程修了。同年山陽特殊製鋼入社。85年西松屋チェーン入社・取締役。90年専務取締役。96年副社長。2000年から代表取締役社長。

（2014年12月22日掲載　構成・高橋和子　撮影・長尾純之助）

KAZUTOSHI KOBAYASHI

コーセー
代表取締役社長

小林一俊

行き先を示す経営の指南書

大学でマーケティングを専攻、創業の祖父にも意見

祖父の孝三郎《こうざぶろう》は、戦前から30年以上にわたり化粧品メーカーに勤め、1946年に50歳で小林コーセーを創業しました。私が大学生の時に「卒業したらすぐ我が社に入社しろ」と強く主張したのは祖父です。自分としては、他企業か海外で多くを吸収した上で入社したかったのですが、聞き入れてくれませんでした。祖父は丁稚奉公から化粧品業界のことを学んだ人で、父・禮次郎《れいじろう》も理系入社第一号として創

業時から研究を担当し活躍したので、私にも下積みから経験してほしかったのでしょう。

私が学生だった80年代、化粧品業界で当社の存在感は薄く、身近に商品を使っている女性の友人も少なかったのです。そこで、卒業してすぐに入社するなら、マーケティングを勉強しなければと思い、在籍は法学部でしたが、商学部のゼミに入りました。日本のマーケティング論の第一人者、村田《むら》昭治《たしょうじ》先生（名誉教授）のゼミです。父も祖父から家業のために応用化学を専攻しろと言われたことも頭をよぎりました。ゼミの課題本の一つが、**『コトラーのマーケティング・マネジメント』**の原書でした。近年改訂された翻訳版も読みましたが、「マーケティングのバイブル」と言える内容は健在で、当社も本書に事例が紹介されるくらいになりたいですね。当時は、人と社会に配慮した「ソーシャルマーケティング」の概念など、次世代のビジネスに必要な考え方を学びました。

ただ、いろいろ学ぶにつれて生意気になるわけです。入社すると、祖父にも、その跡を継いだ父にも「ブランドイメージを上げましょう」などと意見しました。ついに「だったらおまえがやってみろ」と、入社5年目の91年に宣伝部長を任されました。ちょうど社名を小林コーセーからコーセーに変更し、ＣＩ（コーポレートアイデンティティ）を刷新した年です。社内の広告制作部もこの年に新設し、第一弾として団塊ジュニアをターゲットとしたファンデーションのＣＭを作りました。当時新人女優の水野《みずの》美《み》紀《き》さんが、人気ドラマで活躍中だった唐沢寿明《からさわとしあき》さんに「ねえ、チューして」とせがむ大胆なＣＭは反響を呼び、若年層のお客様が一気に増えました。

新しい価値を創造したい、決め手は「うれしさ」

社名変更に際し、祖父は「戦後はあらゆる物が配給制で、化粧品の原料はぜいたく品だった。業界で培った信用で原料を入手するため小林姓を社名に冠したが、今はその必要はない」と、意外にも誰より賛成していました。祖父がじかに目にしてきた化粧品産業の歴史は、**『化粧品のブランド史』**が詳しく伝えています。明治初期からの文化史や広告史としても読み応えのある本です。先に紹介したCMを始め、当社の広告戦略も随所で語られ、その客観的評価を知ることもできました。

『世阿弥《ぜあみ》に学ぶ100年ブランドの本質』は、今日繁栄しているブランドの本質に、世阿弥が著した能の芸術論**『風姿花伝』**（野上豊一郎・西尾実校訂、岩波書店）や**『花鏡』**（小西甚一編訳、たちばな出版）が重なり、それは「うれしさの提供」「目利きでない観客（顧客）にも感動を伝えられる」「永遠の存続を目指し、初心を忘れない」の三つに集約できると指摘します。当社が提供するうれしさ、すなわち、お客様のうれしさ（美しく健やかになる）、接客のうれしさ（お客様に喜んでもらう）、作り手のうれしさ（最高のモノを生み出せる）について整理するきっかけをくれました。

『思考――日本企業再生のためのビジネス認識論』は、社会学博士で、大学の恩師でもある井関利明《いせきとしあき》名誉教授と、工学博士で経営者の山田眞次郎《やまだしんじろう》氏との対談集です。細部へのこだわりと快適さの追求一辺倒が、日本のイノベーションの不発の理由である、モノを取り巻くストーリーが重要である、価値創造や課題解決のためには人種や性別を超えた多様な人々の協働が必要である、といった示唆に富む内容が満載で、とても参考になりました。

最後の一冊は、祖父が尊敬し、同じ創業者としてお会いした時に話の弾んだ松下幸之助氏の名著**『道をひらく』**です。この本は枕元に置いていて、寝る前に開いては、「日々是新《これあらた》なれば、すなわち日々是好日」「心配や憂いは新しくものを考え出す一つの転機」といった名言をかみしめています。

ビジネスの現場では、折々で決断を迫られます。経営者であればなおさらです。自分の決断を信じる原動力となった本たちをここに紹介しました。

良い伝統を守りつつ革新を

社内でよく口にする言葉は「チャレンジャーであれ」。会社の安定はともするとと守りに傾きやすく、私はそのことを最も懸念しています。かの世阿弥は、技に熟達しても挑戦を続ける「老後の初心」が大切だと説きました。「業界初」の提案も当社の伝統。その心意気を絶やさないようにしたいものです。

『コトラー＆ケラーのマーケティング・マネジメント（第12版）』（丸善出版）

フィリップ・コトラー、ケビン・レーン・ケラー・著
恩藏直人・監修　月谷真紀・訳

本文で触れられている課題本の最近の邦訳版。ダートマス大学タック経営大学院のケラー教授との共著。

『化粧品のブランド史』（中公新書）

水尾順一・著
〈品切れ〉

日本の化粧品産業の歴史を、原料の国産化、博覧会への出品など文化的側面からたどるとともに、時代を彩ったセールスプロモーションの変遷を紹介。

『世阿弥に学ぶ100年ブランドの本質』（SBクリエイティブ）

片平秀貴・著

日本の美を深く探求した世阿弥の言葉を、「花」＝イノベーション、「工夫」＝クリエイティブなどと置き換えてブランドづくりの極意を読み解く一冊。

『思考——日本企業再生のためのビジネス認識論』（学研パブリッシング）

井関利明、山田眞次郎・著

「競争戦略」も「選択と集中」も「全社一丸」も限界であると提言。「モノづくり日本」の呪縛を解き、イノベーションを生む新時代のビジネスを探る。

『道をひらく』（PHP研究所）

松下幸之助・著

著者が自身の体験と人生に対する深い洞察をもとにつづった短編随想集。40年以上にわたって読み継がれる、累計500万部を超えるロングセラー。

こばやし・かずとし　1962年東京生まれ。86年慶應義塾大学法学部卒。同年小林コーセー（現コーセー）入社。91年取締役マーケティング副本部長兼宣伝部長。常務、副社長を経て2007年6月から代表取締役社長。

（2014年1月27日掲載　構成・高橋和子　撮影・合田和弘）

TAKASHI SUZUKI

エステー
取締役会議長兼代表執行役会長
鈴木 喬

時代も東西も超えて普遍な心の在り方を書物から学ぶ

マキャベリに見る人を動かす力

私が生まれたのは昭和10年。国民学校一年生の時が開戦の年で、つらい疎開生活の後、親の仕事を手伝うために戻った東京は焼け野原でした。戦争が終わると新制中学の一期生。教室は屋根が吹き飛ばされた練兵場の馬小屋で、まずは教科書の軍国的な文言を墨で塗りつぶすことを命じられました。

今も私は、本に書いてあることを易々《やすやす》とは信じません。それでも本が手放せないのは　歴史への興味からで、何事にも「なぜ」が頭に浮かぶのです。例えばパリ・コミューン誕生と明治維新が同時代なのは偶然か。世界初の社会主義革命がロシアで起こったのはなぜか。誰もが知る史実にも疑問があり、答えを見付けたくなります。

最初に紹介する本は、塩野七生《しおのななみ》さんの**『マキアヴェッリ語録』**です。フィレンツェに君臨したメディチ家に捧げたマキャベリの言葉は、現在でもそのまま通用するリーダー術の神髄だと私は思います。

私はこの本と、人生一度目の社長業をアメリカで経験した頃に出会いました。現地法人の再生が私の仕事でしたが、状況は事前の報告以上に悪く、最後には整理を決断しました。売却相手との交渉は大変ハードで、つくづく思ったのはアメリカの経営者たちの心身のタフさ。そして従業員の側にも、社長の指示に最善を尽くすフォロワーシップが根付いていることです。だからこそリーダーの力量が求められ、日本的な調整型社長では通用しません。帰国後、リーダーの在り方を自問した私は、マキャベリの言葉の一語一語に共感しました。

経営を総合的に捉えたドラッカー

マキャベリと並び、私が人間を見る力に心酔しているのが韓非《かんぴ》です。守屋洋《もりやひろし》さんの**『韓非子――強者の人間学』**には、**『韓非子』**の言葉の数々が簡潔にまとめられています。マキャベリは今から約500年前、韓非は2200年以上前の人物ですが、二人の思想には相通じるものが多く、人の心とは変わらないものだと思わされます。例えばマキャベリは、「悪いことは一遍に、いいことは少しずつ」といったことを言っています。これは経営者が人事や賞罰で社員の意欲を継続的に鼓舞するための大切な教えですし、政治が国民の信頼を得るためのヒントになるようにも思えます。

次はドラッカーの名著**『現代の経営』**です。経営についてこれほど総合的に書かれた本はないでしょう。この本は自分の立場が上がるほど発見も多くなる本ですが、私が一番興味を持ったのは、経営者の時間の使い方に関する記述です。ドラッカーは社長の仕事とは「考えることによって成果を上げる」ことだと説いています。

ところでエステーは「グローバル・ニッチ・No.１」を標榜《ひょうぼう》し、「世にないことをやる会社」というスローガンを掲げています。実はこれはドラッカーの有名な「企業の目的は顧客の創造」「企業の基本的な機能はマーケティングとイノベーション」という言葉を私なりに解釈したものです。

指導者のパフォーマンスと決断力が勝利には必要

商品展開の戦略を考える際、参考になるのが戦争の歴史を戦略的に研究した本です。日本ではこの分野の本が少なく、野中郁次郎《のなかいくじろう》さんたちが書かれた**『戦略の本質——戦史に学ぶ逆転のリーダーシップ』**は数少ない好著です。本書を読みますと、優れた指導者は戦略が明快で、国民に向けたパフォーマンスがうまいことが分かります。

例えば英独がドーバー海峡の制空権を懸けて戦ったバトル・オブ・ブリテンの際、チャーチルは国民の前に積極的に姿を見せ、戦いの意義を語り国民の士気を高めました。一方で自国での防空戦に備えるため、フランスからの戦闘機派遣の要請には応えないという選択を下しました。我々の営業においても、学ぶことの多い話です。野中さんは戦略に最終的な意味を付与するレベルを「大戦略」と呼び、そこでは優れた政治的リーダーシップが求められると述べられています。

最後の本は、中村天風《なかむらてんぷう》さんが人生成功の哲学を語った**『成功の実現』**です。人生の一切合切において積極的精神を持つ大切さを語る天風さんの言葉に触れると、小さなことは気にせず男度胸で大抵のことは大丈夫だと思えてきます。今の世の中は、最初に勤めた会社にしがみつくしかなかった昔とは違います。肝を太くして積極的に生きようとすれば、そう悩むことはないと若い人たちに言いたいですね。

SUZUKI'S RECOMENDED BOOKS

『マキアヴェッリ語録』
（新潮社）
塩野七生・著

『君主論』『政略論』など、ルネサンス期の思想家マキャベリが残した著作や手紙から、その思索の粋を伝える言葉を塩野七生が選んだ。徹底した現実主義と人間への深い洞察から生まれたリーダー論は、時代を超えた価値を持つ。

『韓非子――強者の人間学』
（PHP研究所）
守屋 洋・著
〈品切れ〉

諸葛孔明が皇太子時代の劉禅に対して繰り返し精読を勧めたという帝王学の書『韓非子』。人間不信の哲学の上に立ち、権力の在り方を追求したその主張を、韓非自身の手に成ると言われる諸編を重点的に訳出し分かりやすく再構成。

『現代の経営』 上・下巻
（ダイヤモンド社）
P・F・ドラッカー・著
上田惇生・訳

マネジメントという概念を創出した経営学の巨人、ドラッカーの古典的代表作。企業の目的を顧客の創造とした彼の経営理論は、本書発表から半世紀を経た今も多くの企業人に影響を与えている。

『戦略の本質――戦史に学ぶ逆転のリーダーシップ』
（日本経済新聞出版社）
野中郁次郎、戸部良一ほか・著

毛沢東の反「包囲討伐」戦、バトル・オブ・ブリテン、スターリングラードの戦いなど、圧倒的に不利な状況から逆転を成し遂げた歴史的な戦いにおけるリーダーシップを戦略的な観点から解明。名著『失敗の本質』の姉妹編的な作品。

『成功の実現』
（日本経営合理化協会出版局）
中村天風・述

日清・日露戦争時、軍事探偵として旧満州で活躍。日本初のヨガ直伝者となり、実業界でも名を成しながらも、一切の地位を投げ打って大道説法に転じた中村天風の座談を収録。波乱の半生から得た、積極的な人生成功の哲学を語る。

すずき・たかし　1935年、東京都生まれ。59年、一橋大学商学部卒業後、日本生命保険に入社し、法人営業のトップセールスとして活躍。86年にエステー化学（現エステー）に入社。取締役企画部長、常務取締役、専務取締役などを経て、98年に代表取締役社長兼営業本部長に就任。2005年3月期に過去最高益を達成。07年4月に取締役会議長兼執行役、同年6月より会長職。09年4月から社長職に復帰し、取締役会会長兼代表執行役社長（新聞掲載当時）。12年6月から取締役会議長兼代表執行役会長。

（2010年9月29日掲載　構成・松身茂　撮影・星野章）

TOMIYA TAKAMATSU

ダイドードリンコ
代表取締役社長

髙松富也

偏りなく読み、独自の道を探る

経営者として学ぶべき、人としての在り方

読書歴を振り返ると、仕事の節目に読んだ本が心に残っています。私は大学卒業後に勤めた会社を3年で辞め、父が経営するダイドードリンコに入社しました。その時は何も言われませんでしたが、自分が経営の一端を担っていくのだという思いはありました。当時、ふと書店で手が伸びたのが、「経営の神様」と言われる松下幸《まつしたこう》之助《のすけ》さんの著書**『道をひらく』**です。経営論を想像していたら、書かれていた

のは、「謙虚であれ」「人の話に耳を傾けよ」といった道徳的な人生訓でした。テクニカルなビジネス本も読みますが、必ず立ち戻るのが本書です。経営観を養う上で、まず人としての在り方を学ぼうと。

初めて役職に就いたのは、6年前（2008年）です。その際に前職の上司が**『坂の上の雲』**全8巻を贈ってくださいました。本書の登場人物たちのように、若くても気概を持って職務に励みなさいというエールだったのでしょう。最初に読んだのは高校生の時で、歴史の授業とは違った切り口で明治という時代を知って感銘を受けました。それから十数年後、日本の未来のために高い志を持って行動した明治人の生きざまに改めて感じ入り、襟を正しました。

役職に就くと同時に人事を担当するようになりました。いろいろと改善策を探る中で、アメリカの経営コンサルタント、スティーブン・R・コヴィー氏の著書**『7つの習慣』**をベースにした新人研修が注目されていることを知りました。それは思い掛けず、自分が結婚した時に友人夫妻からプレゼントされた本でした。正直なところ、初読では心に残らなかったのですが、人事を担当してから再読した印象は全く違いました。「自己の人格と能力の向上に努め、他者から信頼されることが有意義な人間関係を生む。会社組織でも家庭生活でもそれを心掛けることで、いろいろな面でプラスに働く」。そんな内容に共感し、遅ればせながら、なぜ友人夫妻が新婚の僕に贈ってくれたのか理解できました（笑）。また、当社が1975年の創業以来掲げる「人と、社会と、共に喜び、共に栄える」という基本理念との共通性も感じました。

本をもとに再確認した自社の理念と基本概念

企業理念こそが卓越した会社になるには重要であると、**『ビジョナリー・カンパニー――時代を超える生存の法則』**（ジェームズ・C・コリンズ、ジュリー・I・ポラス著、山岡洋一訳、日経BP社）は説きます。第2巻**『ビジョナリー・カンパニー②――飛躍の法則』**はもう一歩踏み込んで、「グッド」から「グレート」へ、すなわち、良い組織から偉大な実績を持続できる組織へと飛躍させるヒントが記されています。注目したのは、「自社が世界一になれる部分」「経済的原動力になるもの」「情熱をもって取り組めるもの」の三要素が重なる部分を深く理解し、単純明快な概念を確立する、という考え方です。当社はこの（2014年）3月、新たな成長を目指すためのビジョンを掲げ、中期経営計画を発表しました。その策定に際しては、策定チームのメンバーたちで本書を読み、先の三要素も考慮しながら当社の強み弱みを棚卸しし、「本物のおいしさ」「ダイドーらしさ」という概念を鮮明化しました。近年、M&A（合併・買収）や他社との提携による新規事業へのチャレンジを進めていますが、その際も基軸となる概念です。例えば、一昨年（2012年）に子会社化した、フルーツゼリーメーカーのたらみの主力商品はフルーツゼリーで、当社が提供する飲料と市場を異にします。ですが、「素材の本物のおいしさを手軽に味わってほしい」という精神は、当社の概念に通じます。今後、「共存共栄」という企業理念と基本概念を共有する人材育成にも力を注いでいきたいと思っています。

最後は、**『スティーブ・ジョブズ　驚異のプレゼン――人々を惹《ひ》きつける18の法則』**です。近頃は商品発表会など公の場でプレゼンテーションする機会が増えました。しかし、自分はどうも口下手で、それもあって同書に興味を持ちました。スティーブ・ジョブズのような劇場型のプレゼンをしたいとは思いませんが、「主要メッセージは三つに」「一枚のスライドは一つのテーマに」といったことは見習っています。また、天才のジョブズでさえ泥臭く練習を重ねてプレゼンに臨んでいたという話に、少しホッとしました。

社長に就任してから、リーダーの発言の重さというものを常々実感しています。本物志向でオリジナリティーあふれる商品とサービスが当社の強み。経営者としても、誰かのまねをするのではなく、独自の道を見付けたい。そのためにあらゆる分野の経営書を読み、自分ならどうするかということを考えています。経営観を養い、独自の道を見付け、発信力を磨くために、これからも様々な本を手に取ることでしょう。

『道をひらく』
（PHP研究所）
松下幸之助・著

著者が自身の体験と人生に対する深い洞察をもとにつづった短編随想集。40年以上にわたって読み継がれる、累計500万部を超えるロングセラー。

『坂の上の雲』全8巻
（文藝春秋）
司馬遼太郎・著

松山出身の俳人・正岡子規と軍人の秋山好古・真之兄弟の3人を軸に、近代国家を目指す人々の奮闘と日露戦争勝利に至るまでの国民の努力と苦難を描く。

『完訳　7つの習慣
――人格主義の回復』
（キング・ベアー出版）
スティーブン・R・コヴィー・著
ジェームス・J・スキナー、
川西茂・訳

「個性主義」ではなく「人格主義」のパラダイムを持つことや、人生に必要な「7つの習慣」の大切さを説き、家庭やビジネスの進むべき方向を示す。

『ビジョナリー・カンパニー②
――飛躍の法則』
（日経BP社）
ジム・コリンズ・著
山岡洋一・訳

飛躍を経験した11社を選び、競合企業と比較しながらリーダーシップ、人材戦略、企業文化などを分析。偉大な企業になるための条件を明らかにする。

『スティーブ・ジョブズ
驚異のプレゼン
――人々を惹きつける18の法則』
（日経BP社）
カーマイン・ガロ・著
井口耕二・訳

アップル前CEO（最高経営責任者）のスティーブ・ジョブズのプレゼンテーションは、なぜ人々を魅了し、熱狂させたのか。数々の彼の伝説を紹介しながら、その秘密を解説。

たかまつ・とみや　1976年奈良県生まれ。2001年京都大学経済学部卒。同年三洋電機入社。04年ダイドードリンコ入社。08年営業本部副本部長兼販売会社統括部長。同年取締役。09年常務取締役。10年専務取締役。12年取締役副社長。14年4月から代表取締役社長。

（2014年6月24日掲載　構成・高橋和子　撮影・長尾純之助）

SENRI TANIDA

タニタ
代表取締役社長
谷田千里
読書が人とのつながりの起点に

コヴィー氏の思想を社員たちと共有

最初に紹介するのは、スティーブン・R・コヴィー氏の名著『**7つの習慣――人格主義の回復**』(川西茂訳、キング・ベアー出版)です。「仕事や人間関係の問題解決のために自身の内面を変えることから始める」という考え方に共感しました。一方、今の自分に当てはめてはいけないと肝に銘じた内容もありました。それは、「ジャングルの中で手斧《ておの》を持って道を切り開くのが生産者、その後方に立って方針や手順のマニュアルを作ったりするのがマネジャー、高い木に登って全体を見渡し『このジャングルは違うぞ』と下に向かって叫ぶ人がリーダー」という考え方です。私は若いうちに親から社長職を譲られたので、もうしばらくは高い木を登り下りし、道を塞ぐ枝を払ったり方針を作ったりと、現場経験を積まなければと思っています。

近年、同書のエッセンスをまとめた**『まんがでわかる　7つの習慣』**も発売されました。原書の濃い内容がマンガで伝わるだろうかと興味本位で読んだところ、よくまとまっていました。コヴィー氏の思想を社員と共有するにはどうしたらいいかとずっと考えていましたが、このマンガのような明快さが必要なのだと気付かされました。薦めた社員の中には「目からウロコが落ちた」と言う人もいました。

次は、**『キャラクタービジネス――「かわいい」が生み出す巨大市場』**です。タニタの商品には活動量計など日常的に身に付ける物も多く、親しみやすい商品とは何かを探る中で読み、キャラクター商品の影響力やライセンス契約の基本手順を学びました。昨年（２０１３年）、当社は人気マンガ『進撃の巨人』（諫山創著、講談社）のキャラクターをあしらったオリジナル歩数計を発売しました。その足掛かりとなったのは、ローソンの新浪剛史《にいなみたけし》社長兼ＣＥＯ（最高経営責任者、２０１２年当時）との面会です。低カロリーのコンビニ弁当を同社と共同開発した際、かねてからお会いしたかった新浪氏のもとへごあいさつに伺ったところ、さらなる共同事業に話が発展しました。その土壌があったので、ローソンがライセンス契約している『進撃の巨人』のキャラクターを使わせていただけることになりました。私は経営コンサルティング会社に勤めた経験があり、企業間の交渉はトップの合意が物を言うと肌で感じていました。弊社のキャラクタービジネスはその最たるもので、異業種とのコラボ企画などにおいてもリーダーとしての役目を果たしていきたいと思っています。

新規事業への挑戦を本が後押ししてくれた

『金持ち父さん貧乏父さん――アメリカの金持ちが教えてくれるお金の哲学』は、投資の概念について、なるほどと思った一冊です。本書は「不動産は資産」という日本的な考え方を否定します。タニタは祖父の代から自社ビルを大切にし、経営が苦しい時に不動産の一部を売って切り抜けた経験もあります。ですから本書を半分疑いながら読み始めましたが、「収入を生む資産を買うことだけに努力を集中する」という著者の発想は、株主や取引先が重視する経常利益率の高め方に通じ、納得できました。だからといって自社ビルは手放しませんが、新規事業への投資に前向きになるきっかけをくれました。

私がこれまで順風満帆にきたかといえば、人間関係に悩んだこともありました。入社から1、2年目の頃は、コンサルタント会社にいた頃の感覚ではっきり物を言うので、社内で反感を買うこともありました。そんな時に読んで心に響いたのが、**『「原因」と「結果」の法則』**です。「愚痴を言ったり他人のせいにしたりすることをやめ、自分の中にある正義を認識して気高い思いをめぐらすことで可能性を発見する」といったことが書かれていて、当時の自分に平穏を与えてくれました。同じ頃に読んだ**『百人の父から息子へ「8つの知恵」ノート』**も良書でした。仕事、経営、人間関係などについて父親たちが子どもに授けたい知恵を集めた本で、心の励みとなりました。私自身が父から授かった言葉で今もよりどころにしているのは、「決断に悩んだ時は、朝に晩に座禅を組み、私利私欲に走っていないか、世の中のためになっているかを黙考し、自信が持てたら決断に踏み切った」という言葉です。弊社は現在、「計測」と「食事」と「運動」によって医療費の適正化を目指す「タニタ健康プログラム」に力を注いでいます。この発想が生まれたのは、父の言葉のおかげだと思っています。人の教えや人とのつながりは宝です。紹介した本にもその思いがにじみました。

『まんがでわかる 7つの習慣』
（宝島社）
フランクリン・コヴィー・ジャパン・監修
小山鹿梨子・まんが

世界で3000万部を突破した『7つの習慣』をマンガ化。バーテンダーを目指す主人公とバーを訪れる人々の交流を通して『7つの習慣』の要点を紹介。

『キャラクタービジネス――「かわいい」が生み出す巨大市場』
（PHP研究所）
山田徹・著 〈品切れ〉

ハローキティ、ドラえもん、ポケモン……。巨大な市場を持つキャラクタービジネスとは何か。ビジネス構造から販売戦略までの全容を完全解説。

『改訂版 金持ち父さん貧乏父さん――アメリカの金持ちが教えてくれるお金の哲学』
（筑摩書房）
ロバート・キヨサキほか・著
白根美保子・訳

変化の時代の中で、お金に関する才能をいかに身に付けたらいいのか、お金について子どもたちに何を教えたらいいのか、具体的な実践法とともに示す。

『「原因」と「結果」の法則』
（サンマーク出版）
ジェームズ・アレン・著
坂本貢一・訳

デール・カーネギー、オグ・マンディーノなど、現代成功哲学の祖たちが影響を受けた伝説の書。1世紀以上も読み継がれている自己啓発のバイブル。

『百人の父から息子へ「8つの知恵」ノート』
（三笠書房）
J・キタ・著 マークス寿子・訳
〈品切れ〉

先人の金言を書き留めた著者の父の「知恵ノート」とともに、著者がインタビューした父親たちの人生訓を紹介。父から子へとつなぐ「心の財産」が満載。

たにだ・せんり 1972年大阪生まれ。93年調理師専門学校を経て、佐賀短期大学（現・西九州大学短期大学部）に進学。97年佐賀大学理工学部卒。船井総合研究所などを経て2001年タニタ入社。05年タニタアメリカ取締役。08年から代表取締役社長。

（2014年7月28日掲載 構成・高橋和子 撮影・合田和弘）

LEADERS AS READER

TAKAHARU NISHIMURA

沢の鶴
代表取締役社長

西村隆治

「文化」「悟り」「人を残す」。我がテーマを本に求めて

無性に心引かれる日本の古典

日本酒を造る家で育ったこともあり、日本の歴史に根差した文化に深い関心を持ってきました。読む本もしかりで、思い返せばその原点は、子どもの頃に親しんだ小倉百人一首だったように思います。遊びから自然と古典文学全般に興味を広げていきました。高校時代に初めて読んで以来、何度も読み返しているのが、**『徒然草』**です。卜部《うらべ》（吉田《よしだ》）兼好《かねよし》が輝く知性をもって奔放に筆を進めたこの随筆集は、人

生訓としても社会評論としても一級だと思います。第八十五段の、「偽りても賢を学ばんを、賢といふべし」という文など、実に深い。この段では、善事をまねるか、悪事をまねるかで人間の価値は決まる、ということを語っています。鎌倉期の世相を映すエピソードが満載で、そこはかとないおかしみが感じられるのも〝兼好節〟の魅力です。

次は、小林秀雄《こばやしひでお》の随筆集**『栗の樹』**です。この中に「西行」という項があり、西行《さいぎょう》の詩境を鮮やかに看破した筆致にシビれました。私は、「心なき身にもあはれは知られけり鴫《しぎ》立つ沢の秋の夕ぐれ」を始めとする西行の歌が大好きなのです。藤原定家《ふじわらさだいえ》や寂蓮《じゃくれん》など、言葉遊びを極めた同時代の歌人の歌と比べると、心の苦痛や孤独と向き合った西行の歌は異質です。これについて小林は、定家や寂蓮の歌など西行の歌に及ぶべくもないと断言します。そして、「西行は遂《つい》に自分の思想を見定め得なかった。併《しか》し、彼にしてみれば、それは、自分の肉体の行方をはっきりと見定めた事に他ならなかった」と指摘します。要するに、西行は悟りを開けなかったと。自分がなぜ西行の歌に引かれるのか、改めて分かった気がしました。他の項も硬軟さまざまな話題が取り上げられ、読み応え十分です。

心にしみ入る高僧の深遠な教え

小倉百人一首と同じように、子ども時代から親しみ、今の自分に影響しているものがあります。それは、仏教の教えです。私の家には、お坊さんが月参りにやってきました。ですから信仰はとても身近で、仏教関連の本もよく読みました。悟りを開きたいという願望は西行と同じく果たせていませんが、これぞ本物、という方を見つけました。神戸市にある鏑射寺《かぶらいじ》の中村公隆《なかむらこうりゅう》山主です。高野山であらゆる修行を積まれて大阿闍梨《だいあじゃり》になられ、「今弘法」と称されている方です。**『〈いのち〉の力――般若心経とともに』**は、中村山主の法話をまとめた本で、現代の様々な現象と真言密教の真理を関連付けながら、いかにすがすがしい日々を過ごすかということを伝えています。言葉遣いが柔らかいので、すらすらと目で追えますが、読み込んでいくと、密教の宗教的宇宙観と現代の自然科学や物理学との符合にふと気付かされる、奥の深い一冊です。

次は、神崎宣武《かんざきのりたけ》先生の**『酒の日本文化――知っておきたいお酒の話』**です。日本の歴史において、酒がいかに貴重なものであったか、神事においてどのような役割を担っていたのか、といったことを詳しく紹介する書です。私が常々残念に思うのは、宮中晩餐《ばんさん》会などの公式行事における「乾杯」の酒がシャンパンであることです。日本酒は、日本人が誇りとすべき伝統的な「国酒」であり、本書の内容のように、文化としての日本酒への理解を促す必要性を感じています。日本酒愛好者を会員とする「日本酒で乾杯推進会議」の運営委員長を務めていますが、ここでも同じ趣旨で活動しています。日本文化と日本酒の発展のためにも、宴《うたげ》の始まりは「日本酒で乾杯!」といきたいものです。

学ぶことの多い小倉昌男《おぐらまさお》氏の経営論

最後は、経営の参考になった本を紹介します。**『人間的魅力の研究』**(伊藤肇著、日本経済新聞出版社)は、明の学者・呂新吾《りょしんご》が美質とした「深沈厚重《しんちんこうじゅう》」「磊落豪雄《らいらくごうゆう》」「聡明才弁《そうめいさいべん》」という人物観を土台に古今東西の偉人たちの人間的魅力に迫る名著です。**『ビジネス・インサイト——創造の知とは何か』**（石井淳蔵著、岩波書店）は、革新的なビジネスモデルの多くは、「閃《ひらめ》き」による大胆な仮説と立案に基づくとし、実例を考察しています。その実例にも出てくる「クロネコヤマトの宅急便」の生みの親、小倉昌男さんの自伝**『小倉昌男　経営学』**は、数々読んだ経営書の中でも特に心に残った一冊です。民間初の個人向け小口貨物配送サービスが軌道に乗るまでの経緯、スキー宅急便など画期的な商品が生まれた背景など、興味深く読みました。私なりに小倉さんを評すると、正直で人がいい、人を育てられる、よく学ぶ、システムの構築ができる。私財を投じて福祉財団を設立されたこともすばらしい。後藤新平《ごとうしんぺい》は、「金を残すは下、仕事を残すは中、人を残すは上」と言ったそうですが、小倉さんは仕事と人を残されました。我が身を顧みると、残した仕事はそれなりに思い浮かびますが、人を育むということに関しては「後ろ姿を見て察して」というタイプで、丁寧でなかった気がします。今は反省して、人を残せるように心掛けています。

『新訂 徒然草』
（岩波書店）
西尾実　安良岡康作・校注

卜部兼好による随筆集。全243段から成る。清少納言の『枕草子』、鴨長明の『方丈記』と並ぶ日本三代随筆の一つ。尚古思想と無常観に加え、滑稽味にあふれる。兼好の思索を交え、鎌倉期の人々の逸話に対する批評がつづられる。

『栗の樹』
（講談社）
小林秀雄・著

現代批評の先導、小林秀雄のエッセー42編を収録。ベルグソン、孔子、西行、本居宣長など、古今東西の人物の精神を見詰めてきた小林が、その知を余すところなく放ち、身近な日常に対する雑感から、宗教観、人生観まで語り尽くす。

『〈いのち〉の力
――般若心経とともに』
（春秋社）
中村公隆・著

鏑射寺（神戸市）の山主であり、高野山大阿闍梨の著者が、「人生最高級の案内書」とする般若心経を引用しながら、「光輝く本当のいのち」について語り、さわやかに美しくすがすがしく生きるための心の在り方を説く法話集。16編を収録。

『酒の日本文化――
知っておきたいお酒の話』
（KADOKAWA／角川学芸出版）
神崎宣武・著

岡山県宇佐八幡神社の宮司で民俗学者の著者が、酒の原点を神と祭りと酒宴に求め、民俗学的な視点から、酒と肴（さかな）の関係や酒宴の移り変わり、飲酒習慣の変化、醸造の話や食文化との関わりなどを紹介。

『小倉昌男 経営学』
（日経BP社）
小倉昌男・著

市場を見通す洞察力と論理的な経営手法、規制行政に闘いを挑む行動力、引退後自らの持ち株を寄付して福祉財団を設立した崇高な精神。戦後40年間でヤマト運輸を日本屈指の優良企業に押し上げた希代の経営者、小倉昌男氏の自伝。

にしむら・たかはる　1945年生まれ。大阪府出身。67年京都大学法学部卒。73年同大学院法学研究科博士課程卒。同年文部教官京都大学法学部助手。74年沢の鶴入社。78年常務取締役。84年から代表取締役社長。同年から灘五郷酒造組合理事。2002〜10年兵庫県酒造組合連合会会長・日本酒造組合中央会近畿支部長。02年から日本酒造組合中央会理事。06年から日本酒で乾杯推進会議運営委員会委員長。

（2012年9月24日掲載　構成・高橋和子　撮影・長尾純之助）

KAZUYOSHI NOWATARI

ユースキン製薬
代表取締役社長

野渡和義

漢字好きから始まった読書熱

営業回りの日々に活力を与えてくれた書

私が通った小学校では、毎朝漢字の小テストがありました。これを心待ちにするほど漢字が好きで、中学・高校時代は漢文にも興味を持ちました。やがて漢字遣いの豊かさとリズムの心地よさに魅せられて司馬遼太郎《しばりょうたろう》さんの作品に親しむようになりました。馬のひづめの音は、「戛戛《かつかつ》」と書く。そんなあれこれを知ることも楽しみでした。社会に出てからは、**『峠』**（新潮社）の河井継之助《かわいつぎのすけ》など、困難に立ち向かう人物たちの生きざまを読み、励みにしました。ユースキン製薬に入って最初の8年間は、地図と名簿を携えて地方の薬局に飛び込み営業の日々。この時期は、**『街道をゆく』**シリーズを愛読しました。行く先々で、「司馬さんは、この辺りの歴史、特に地形について、こんなふうに書いていたな」と追想するのが楽しく、地道な地方回りに張り合いができました。今振り返ると、市場環境の把握という基盤づくりを本書に支えてもらった気もします。

漢字好きは血筋なのか、20年ほど前に70歳を過ぎた叔母が「漢字検定に挑戦する」というので、私も触発されて受検し、準1級を取得しました。これを機会に漢字をより深く理解しようと漢詩を読んでみたり、中国古典を読むのが趣味だという社員と読書会をすることになりました。とはいえ、素人の二人なのでどうも解釈がおぼつかない。そこで、大学で漢文を教えている知り合いの教授に頼み、月に1回、社内で**『論語』**(金谷治訳注、岩波書店)の講義をしてもらうことにしました。始めてから4年半、受講者は3倍以上になりました。そうした中で個人的に面白く読んだのが、**『ドラッカーと論語』**です。『論語』における「學而時習之《まなびてときにこれをならう》、不亦説乎《またよろこばしからずや》」は、「学んだことが、ある時身に着いたと感じる喜びのこと」という、テキストとは一味違う解釈に出会い、「ドラッカーの唱える〝フィードバック〟だ」という説明にも目からうろこが落ちる思いでした。また、「イノベーションを成功に導く経営には、現実を直視する姿勢、過ちを認める謙虚さ、そして勇気が要る」というドラッカーの考え方は、父の唱えた社是「誠実・謙虚・勇断」とピッタリ一致することに気付かされ感動し、より深く理解するきっかけとなりました。いつまでも継承したい経営信念です。

正しい行いの美しさと感動が詰まった小説

中国古典に関する読み物では、**『漢文力』**も心に残りました。博識の著者が、ソクラテス、キリスト教、キティちゃんなど、古今東西の人や事象と照らして漢文にある教訓を示してくれる書で、環境や戦争といった現代社会が抱える問題への考察としても読み応えがありました。そして日本人が漢文力を取り戻すことの大切さも感じました。

小説もたくさん読んできましたが、日系2世のフレッド・和田勇《わだいさみ》さんの半生をつづった**『祖国へ、熱き心を――東京にオリンピックを呼んだ男』**は、人に薦めたいと強く思った一冊です。苦労して米国で事業を興した和田さんは、１９４９年に古橋廣之進《ふるはしひろのしん》ら日本の水泳選手たちが全米水泳選手権大会に出場するために渡米した際、自宅を提供して彼らの活躍を支えました。51年前の東京五輪の招致に当たっては、私財を投じて南米を行脚し、集票に貢献しました。情に厚く男気あふれる和田さんの言動や行動に胸打たれ、電車の中で涙をこらえて読みました。

最後の一冊は、直木賞受賞作**『下町ロケット』**です。新型水素エンジンを開発した中小企業の社長が、主要取引先から取引終了を告げられ、メインバンクに融資を断られ、ライバル会社から特許侵害で訴えられ、大企業から特許を売れと迫られ……と、次から次へと難題にぶつかるさまを、我が事のように読みました。当社もかつて、担保主義の銀行や理不尽な行政指導などで苦境に立たされ、あわや倒産かという厳しい状況に陥った経験があります。正義を信じて大きな権力の抑圧に耐え、乗り越えた当社の歴史が本書の内容に重なり、読了して留飲を下げました。

紹介した本を始め、読み終わった本は、社内の目立つ棚に置いています。社員たちのお薦めの本も徐々に加わり、いつしか貸し出しノートが置かれ、今はミニ図書館のようになっています。社員には、読書による情報の吸収だけでなく、主人公の行動や思いの追体験が重要だと言っています。

『街道をゆく』全43巻
（朝日新聞出版）
司馬遼太郎・著

『週刊朝日』に1971年から著者が亡くなる96年まで連載された大紀行。国内外の民族と文化の源流を探り、風土と人々の暮らしの関わりを訪ねる。

『ドラッカーと論語』
（東洋経済新報社）
安冨歩・著

経営者の経典とされるドラッカーの『マネジメント』と『論語』の共通点を詳しく解説。現代にも役立つ、東西二人の知の巨人の本質に迫る。

『漢文力』
（中央公論新社）
加藤徹・著

漢文に刻まれた古人の思索を追体験することによって身につく力、歴史や宇宙の中に自分を位置付け、生き抜くための設計図を描く力を育てる書。

『祖国へ、熱き心を
――東京にオリンピックを呼んだ男』
（講談社）
高杉良・著

日米の経済・文化交流を支えた日系人の激動の半生。敗戦後の日本の復興を米国に印象付け、東京五輪開催に全力を挙げた男の熱き心をつづる。

『下町ロケット』
（小学館）
池井戸潤・著

宇宙工学研究の道を諦め、実家の部品製作所を継いだ主人公が、社員とともに日本のものづくりを担ってきた町工場の意地を見せる。直木賞受賞作。

のわたり・かずよし　1949年神奈川県生まれ。72年早稲田大学政治経済学部卒。73年ユースキン製薬入社。営業・商品企画畑を歩んだ後、常務取締役を経て88年から代表取締役社長。

（2015年1月26日掲載　構成・高橋和子　撮影・木村心保）

LEADERS AS READER

SHINJI HATTORI

セイコーホールディングス
代表取締役会長兼グループCEO

服部真二

多くのヒントをくれる人物伝

繰り返し読んでいる創業者・金太郎の物語

当社の原点は、明治14年に服部金太郎《はっとりきんたろう》が創業した服部時計店です。金太郎は、私の曽祖父に当たります。最初に紹介するのは、金太郎の人物伝**『セイコー王国を築いた男——小説・服部金太郎』**です。金太郎は、幼くして商売人を志して丁稚奉公を始め、「時計職人になれば修繕で稼ぎ、ゆくゆくは自分の店を持てる。文明社会に必要な時計はもっと普及する」と確信し、見立てはことごとく実現しました。

さらなる飛躍の源となったのは、人との信頼関係です。横浜の外国商館との輸入取引では、当時の日本人商人には珍しい支払期日厳守で信用を獲得しました。その後、優秀な職人と出会い、二人三脚で時計製造の道を開きます。関東大震災で社屋も工場も甚大な被害を受けた際は、お客様から預かっていた修理時計を全て焼失、「天災にかこつけて、弁償を免れることは許されない」と、同程度の新品を返済し、信頼関係を守りました。そうしたビジネス観とともに、「商人は、常に時代の一歩先を行け。ただし一歩でよい。何歩も進み過ぎると世間と離れて予言者になってしまう。商人は予言者になってはいけない」という信条を、大事に受け継いでいかなければならないと思っています。

私の経営の参考書は人物伝です。フォード社のリー・アイアコッカやGE（ゼネラル・エレクトリック）のジャック・ウェルチなど、海外の人物伝もよく読みます。

『ビートルズのおかげです――ザワイルドワンズ風雲録　あの頃の音楽シーンが僕たちのスタイルを生んだ』は、懐かしのグループサウンズ時代を中心に日本のポップスシーンをつづります。著者は加瀬《かせ》邦《くに》彦《ひこ》さん。「ブルージーンズ」のメンバーだった1966年、ビートルズの来日公演で前座ができると喜ぶも、厳戒態勢下で彼らの演奏が聴けない上、一切接触できないと知ってグループを脱退したエピソードがまず愉快です。ビートルズに影響され、演奏に加えて歌にも力を入れたグループサウンズ時代の到来を予感し、「ザ・ワイルドワンズ」を結成したことにも独特のセンスを感じました。バンド結成の苦労話や、「危険なふたり」など加瀬さんが多くの曲を提供した沢田研二《さわだけんじ》さんとの逸話も面白く読みました。

極限状態の時こそ問われるリーダーシップ

『たった一人の生還――「たか号」漂流二十七日間の闘い』は、91年に日本―グアム間のヨットレースで転覆事故に遭った佐野三治《さのさんじ》さんの記録です。7人いたクルーの1人は転覆時に亡くなり、残り6人は狭いライフラフトの中で身を寄せ合って救助を待ちました。水も食料もわずかしかない中で互いを励まし、年長のベテランヨットマンがリーダーシップを発揮するさまを読み、こうした極限状態に自分が置かれたら、果たして彼のように振る舞えるだろうかと考えさせられました。生還した佐野さんがすぐにヨットレースに復帰されたことにも感銘を受けました。私は海が好きで、80年代半ばに1級小型船舶免許を取りました。実は、同事故で亡くなったお一人が、操船を習った学校の校長先生でした。海の魅力と怖さを教わった記憶があります。

次は、**『山本五十六《やまもといそろく》』**です。戦艦「長門《ながと》」に新橋の芸妓を迎えて洋食を振る舞ったという破天荒な逸話を始め、日米戦争にも三国同盟にも、世界の趨勢が航空戦に移行する中で戦艦「大和《やまと》」の建造にも反対した事実などを詳しく伝えます。先見性、人心掌握、リスク管理、シミュレーションの徹底など、経営者に必要な資質を見る一方で、多数派に抵抗し切れず真珠湾奇襲を決したことに、サラリーマン的悲哀も感じました。私は五十六の名言に言葉を足して、「(お客様目線を)やってみせ、(商品価値を製造現場に)言って聞かせて、(全社員にチャレンジを)させてみて、ほめてやらねば、人は動かじ」とし、経営哲学にしています。

最後は、**『メイド・イン・ジャパンの復活』**です。日本の製造業が勝ち残るための戦略を示す内容で、日本にしかない職人技的スキルを使った製品や画期的な新製品、ファッション性の高い製品であることがキーポイントだという内容に注目しました。そうしたことこそ当社の強みだからです。多くの産業界が、企画、製造、製品組み立てなどあらゆる部門を社内で行う垂直統合型から、各部門を複数の専門企業が分担する水平分業型に変化しつつある、との指摘もあります。これについては、当社がエレクトロニクス部門から職人の手仕事まで、さまざまな工程を一気通貫で行う垂直統合型だからこそ、他社がまねできない製品を実現し得るのだという思いを強くしました。

HATTORI'S RECOMENDED BOOKS

『セイコー王国を築いた男
――小説・服部金太郎』
（青樹社）
若山三郎・著

寺子屋の秀才が商人を志し、勤勉を重ねて時計店を開業。先見性と創意によって「時計王」と呼ばれるまでになったセイコー創業者の全生涯をたどる。

『ビートルズのおかげです
――ザワイルドワンズ風雲録』
（枻出版社）
加瀬邦彦・著
〈絶版〉

日本のポップス音楽の原型が生まれた1960年代に活躍した「ザ・ワイルドワンズ」のメンバーが、ビートルズ来日の興奮や自らの音楽人生を振り返る。

『たった一人の生還
――「たか号」漂流二十七日間の闘い』
（新潮社）
佐野三治・著　〈絶版〉

ヨットレースに参加した「たか号」が突然転覆。漂流生活を必死に生き抜いた著者が、海に眠る仲間たちのために漂流の全てをつづった鎮魂の記録。

『山本五十六』上・下巻
（新潮社）
阿川弘之・著

日本海軍提督の人間像を鮮やかに描写。上巻はロンドン軍縮会議での活躍など若き日の山本像を、下巻は真珠湾奇襲から壮絶な最期までを克明につづる。

『メイド・イン・ジャパンの
復活』
（経済界）
稲垣公夫・著

日本の製造業がグローバル経済で活躍し続けるためにどうすればいいのか。国内製造業の特性を検証し、「選択と集中」による日本経済の再生を提言。

はっとり・しんじ　1953年東京都生まれ。75年慶應義塾大学卒。2001年セイコープレシジョン社長。03年セイコーウオッチ社長。07年セイコー（現セイコーホールディングス）取締役。10年社長。12年10月から代表取締役会長兼グループCEO（最高経営責任者、新聞掲載当時）。

（2013年11月26日掲載　構成・高橋和子　撮影・合田和弘）

キッコーマン
取締役名誉会長

茂木友三郎

異文化への理解と適応力を個人も国も持つべき時代へ

世界の今を予見した『文明の衝突』

私が生まれ育った千葉県野田市は戦禍が全くなかったせいか、戦争中も父親が本を探してきて、私たち子どもに与えてくれました。学校は空襲警報が鳴るたびに休校で、当時は二宮尊徳《にのみやそんとく》や野口英世《のぐちひでよ》などの伝記を読むのが勉強の代わりでした。

そんな頃から今までを振り返って、私が本を一番読んだのは、コロンビア大学経営大学院での留学時代です。１日に課せられた読書量は何と最低１００ページ。それも専門用語が続出する経営書や論文ばかりで、日本から持参した厚い英和辞典も役に立ちませんでした。おかげで意味を日本語に変換せずに英語のままつかむ訓練になりましたが、速さはアメリカの学生には追い付かず、こちらは週末も休日返上で本と向き合いました。時間は掛かりましたが、常に著者の意図を理解しながら読むように心掛けたので、内容の理解では負けなかったと思います。

１９６１年に卒業し、ＭＢＡ（経営学修士）を取得しました。私を経営学の研鑽《けんさん》に向かわせたのは、ドラッカーの著作でした。それまで読んでいた日本の経営書は堅苦しい学説の羅列ばかりで……。そこに飛び込んできた、「顧客の創造こそ企業の重要な目的」というドラッカーの言葉は、至言に思えたのです。

顧客本位の考え方に感銘し、これはアメリカで学ばねばと思いました。留学中に読んだ数多くの本の中で、後年、自分の経営者としての糧となったのはジョエル・ディーンの"Managerial Economics"。経済学の理論を実践的な経営における意思決定にいかに取り入れるかを説いた、私にとっては経営経済学の聖典的な著作です。

経営者になり、仕事の忙しさが増すにつれて、読書に割ける時間は極めて限られました。どうにかしたいと考えていたところ、「アメリカのある経営者が、若い社員に本を読ませて、それを聞くようにしている」とある人から教えられたのです。それは良い方法だと、社長になった後に社内で読書会を作りました。

メンバーは1年ごとの交代で、30代前半の社員を中心に毎年8人を選んでいます。その人たちに月に

4冊、話題になっている本を読むように頼み、毎月報告会を開いています。私は新しい知識が吸収できますし、若い社員は読書習慣が付き、経営者と対話して意見を交換する場が持てます。毎年、最初の数回は緊張でいっぱいですが……。ただし小説は対象外です。小説を自分で読まずに筋書きだけ聞いても、こんなにつまらないことはありませんから（笑）。

世界秩序の変遷を理解し日本型グローバル戦略を

キッコーマンの国際化を推進し、海外拠点を拡大していた90年代後半、私が大きな示唆を受けた著作が、アメリカの政治学者サミュエル・ハンチントンの**『文明の衝突』**です。

ハンチントンは、冷戦後の国際情勢は超大国アメリカと、いくつかの地域大国によって構成された「一極・多極世界」へと大きく変化すると指摘しました。そして人々は政治体制の違いではなく、文明・文化の違いによって統合と分裂を進めると説き、まさに今日のような世界の到来を予見しています。

ことに日本は、地政学的なリスクがこれまで比較的低く、文明の衝突と呼べるような歴史体験がありません。だからこそ私たちは、文明による世界秩序の変遷を知っておくことが必要です。それを理解した上で、日本型のグローバル社会への適応の道を歩むべきだと思います。

またグローバリゼーションは、自由化、情報化など新たな価値観をもたらした一方で、希望の見えない社会を生んだとも言われています。自我と誠実に向き合うがゆえに苦悩する人々に勇気を与える本として、姜尚中《かんさんじゅん》さんの**『悩む力』**は非常に意義ある本です。

姜さんは、「『悩む力』にこそ、生きる意味への意志が宿っている」と書かれています。そして悩みを最後まで手放すことなく、悩みを乗り越えて真の強さをつかみ取る生き方を提唱しました。私自身はあれこれ悩むタイプではないのですが、この著作がベストセラーになった事実は、日本という社会が置かれている状況を考える上で見逃せないことです。

今こそ政治に求めたい短期思考からの脱却

ほかにも最近の本では**『世論調査と政治――数字はどこまで信用できるのか』**という本を興味深く読みました。著者の吉田貴文《よしだたかふみ》さんは朝日新聞のジャーナリストで、世論調査の実態や政治との関わりの変遷を詳しく紹介しています。

民主主義の基本である民意を測るものとして、世論調査には高い有用性があります。しかし、過度な依存は政治家や有権者を短期思考にさせ、政治のポピュリズム化を助長するおそれがあります。本書の著者は、マスコミには高い能力や見識と倫理観を、政治家には支持率に一喜一憂せず、性別や年代、地域など結果を細かく検証し、政策に組み入れる分析力を求めています。有権者もまた、その数字がどのような調査方法や設問から出てきたものかを認識することが必要です。

「ねじれ国会」の中で対立の時代が続いた日本の政治は、そろそろ建設的な政策議論、すなわち対話の時代へと成熟すべきです。そのためには社会全体が、長期的な視野と高い情報リテラシーを持つことが必要だと私は思います。

MOGI'S RECOMENDED BOOKS

『文明の衝突』
（集英社）
サミュエル・ハンチントン・著

文明の衝突とパワーの構造の視点から、今後の国際社会を形成していくトレンドについて述べ、日本の外交政策についても言及した先見の書。日本でも9・11の衝撃とともに話題となったが、「今こそ読まれるべき本」と茂木氏は語る。

『悩む力』
（集英社）
姜尚中・著

共同体が崩壊し個人がむき出しとなった閉塞状況の中で、安易な自己肯定や精神的な世界に逃げ込まず、どう生き抜くか。著者の個人的な体験を織り交ぜながら、夏目漱石、マックス・ウェーバーの言動に乗り越えるヒントを探す。

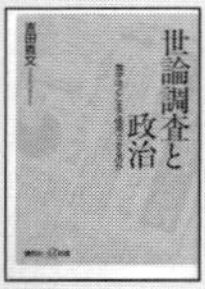

『世論調査と政治
——数字はどこまで信用できるのか』
（講談社）
吉田貴文・著

朝日新聞で世論調査の企画、実施、分析に従事した著者が、支持率という数字の裏側を読み解き検証。茂木氏は慶應義塾大学在学中、ジャーナリズム研究会に属して様々な取材活動を経験。メディアと政治との関わりへの関心は深い。

『努力の証』
（ダイヤモンド社）
辛雄鎭・著
足立康、辛美鎭・訳編

地方の清貧な家庭に育ち、ひたむきな努力と心遣いで外交官となる夢をかなえ、国連事務総長へと上り詰めた潘基文氏の半生を描く伝記。「努力を尊び、優しさを忘れない生き方に、幼少時に没頭した偉人伝のような温かさを感じました」

『政治と秋刀魚』
（日経BP社）
ジェラルド・カーティス・著

日本の実社会に飛び込み、40年にわたり政治の実態をつぶさに研究した著者の日本観察録。著者はコロンビア大学での茂木氏の同窓。歴代総理と親交があり、リーダーの在り方は時代によって多様だが必要なのは説得する力だと説く。

もぎ・ゆうざぶろう　1935年千葉県生まれ。58年慶應義塾大学法学部卒業。同年4月キッコーマン入社。61年米国コロンビア大学経営大学院（ビジネススクール）卒業、MBA（経営学修士）取得。95年2月キッコーマン代表取締役社長CEO（最高経営責任者）就任。同年4月～2003年4月経済同友会副代表幹事。03年7月から新しい日本をつくる国民会議（21世紀臨調）共同代表。04年6月キッコーマン代表取締役会長CEO（新聞掲載当時）。11年6月から取締役名誉会長、取締役会議長。

（2009年9月11日掲載　構成・松身茂　撮影・星野章）

LEADERS AS READER

HAYATO MORITA

シャボン玉石けん
代表取締役社長

森田隼人

我が社を救った 先代の著書

先代が「無添加」にシフト、本を通じて問題提起

「会社を継いでくれ」と父から言われた記憶はありませんが、物心ついた頃から自分が継ぐのだろうと思っていました。父が他界したのは、私が社長に就任して半年後。享年76歳でした。その父が1991年に著し、赤字続きだった我が社を救ったのが、**『自然流「せっけん」読本――洗たく、食器洗い、入浴、シャンプー、住いのそうじ』**です。父・光徳《みつのり》は、初代の後を継いで合成洗剤を製造・販売し、高度

経済成長に乗って業績を伸ばしました。しかしこの頃、原因不明の湿疹《しっしん》に悩まされます。それが合成洗剤のためだと分かったのは、無添加せっけんの注文を受けたときのこと。試作品を洗濯や体洗いに使ったところ、うそのように湿疹が消えたのです。父は主力商品だった合成洗剤の人体への影響を知り、74年に無添加せっけんの製造・販売へ完全にシフトしました。

ドル箱だった商品と決別したことで、売り上げは99％減り、100人いた従業員はたった5人に。それでも信念を曲げず、赤字は17年間続きました。本を執筆したのは、合成洗剤を疑いなく使っている消費者に問題を提起したかったのだと思います。若い頃は物書きになりたかった父が、万人に分かりやすい内容をと心を砕いたこの本は、無添加せっけんと合成洗剤がどう違うのかという解説とともに、巻末に「全国安全石けん製造業者リスト」としてライバル社も掲載しています。自社の宣伝よりも、人の健康と地球環境を守らなければならないという使命感が先に立ったのでしょう。出版した年に湾岸戦争が勃発し、重油まみれの水鳥の映像がテレビで流れたりしたこともあり、環境意識の高まりの中、本は売れ、商品の注文も増え、翌年黒字に転換しました。

父は家で仕事の話をしない人だったので、私は学生時代にこの本を読んで多くのことを知りました。環境関連の名著では、農薬や殺虫剤による健康被害と自然破壊に警鐘を鳴らしたレイチェル・カーソンの**『沈黙の春』**、同じく化学物質の恐ろしさを訴え、せっけんと合成洗剤の違いにも言及した有吉佐和《ありよしさわ》子《こ》さんの**『複合汚染』**（新潮社）がありますが、その2冊と本書は、当社の必読本となっています。

共感するのは信念を貫く生き方

父は読書家でした。蔵書は今も実家の本棚にずらりと並んでおり、いつか端から読んでみたいと思っています。私の読書量がぐっと増えたのは、入社してからです。営業を担当していた頃は出張が多く、移動時は常に本を携えていました。人としての厚みは、読書量と比例する気がしていたからです。**『壬《み》生義士伝《ぶしでん》』**は、電車の中で何度も涙をこらえて読んだ小説です。南部藩を脱藩して新選組に入った吉村《よしむら》貫一郎《かんいちろう》の人物像を、斎藤一《さいとうはじめ》など彼の周辺にいた人々の証言を通して浮き彫りにしていきます。守銭奴と呼ばれても「人としての義」を貫き、妻子への仕送りのために太刀を振るった貫一郎。その愚直な生き方に深い感銘を受けました。実在の人物と架空の人物を織り交ぜたインタビュー形式の構成も新鮮で、面白かったです。

時代小説では**『全一冊　小説　上杉鷹山《うえすぎようざん》』**も心に響きました。一時期、「鷹山に学べ」といった内容のビジネス本がはやり、先にそちらを読んで本書に興味を持ちました。行き詰まった米沢藩の財政を立て直すため、勤勉と節約を徹底し、自ら率先して土を耕した鷹山は、理想のリーダー像と言えると思います。若くして藩主の座についたことにも強い共感を覚えました。

最後は、**『ビジネスで失敗する人の10の法則』**です。コカ・コーラ社元社長兼ＣＯＯ（最高執行責任者）のドナルド・Ｒ・キーオ氏の著書で、コカ・コーラの味を変えて抗議が殺到した、かの有名な「ニュー・コーク」の失敗談を始め、投資銀行の経営に関与した経歴を背景に、数々の有名企業の失敗事例を挙げて経営のヒントを示します。成功ではなく失敗に焦点を当てているところがミソで、特に「一貫性のないメッセージを送る」という失敗の法則が目に留まりました。

当社は、無添加せっけんに切り替えたことで売り上げが激減し、倒産の危機にも直面しました。その際、合成洗剤に戻るという選択肢もあったでしょう。そうしなかったのは、社内外に発信した「健康な体ときれいな水を守る」という企業理念を貫き、ファンになってくださったお客様の期待に応え続けたかったからです。父の選択は失敗ではありませんでした。経営者として決してぶれなかった姿勢を尊敬しています。

『自然流「せっけん」読本
―― 洗たく、食器洗い、入浴、シャンプー、住いのそうじ』
（農山漁村文化協会）

森田光徳・著
〈品切れ〉

合成洗剤と無添加せっけんの違いを、製法、安全性、洗浄力、価格などあらゆる角度から徹底比較。無添加せっけんに目覚めた経緯や普及活動の軌跡も紹介。

『沈黙の春』
（新潮社）

レイチェル・カーソン・著
青樹簗一・訳

海洋生物学者の著者が、農薬など化学物質による、人や動物の健康被害、土壌汚染や水質汚染などを告発。初版は62年。環境運動の端緒となった一冊。

『壬生義士伝』上・下巻
（文藝春秋）

浅田次郎・著

「死にたぐはねぇから、人を斬るのす」。壬生浪と呼ばれた新選組にあって、ただ一人庶民の心を失わなかった吉村貫一郎の非業の生涯をつづる。

『全一冊 小説 上杉鷹山』
（集英社）

童門冬二・著

九州の小藩から17歳で上杉家の養子に入り、自ら倹約に努め、米沢藩の財政を立て直した上杉鷹山。民を思い、組織を思い、国を思った名君の物語。

『ビジネスで失敗する人の10の法則』
（日本経済新聞出版社）

ドナルド・R・キーオ・著
山岡洋一・訳

「ビジネスのような変化の激しい分野で成功の法則などない」という著者が「失敗の法則」を伝授。著者の盟友・ウォーレン・バフェットが序文を執筆。

もりた・はやと　1976年福岡県生まれ。専修大卒。2000年シャボン玉石けん入社。問屋や百貨店などへの営業及び商品開発を担当。02年取締役副社長。07年3月から代表取締役社長。シャボン玉販売、シャボン玉本舗、シャボン玉企画の代表取締役社長を兼任。

（2013年6月26日掲載　構成・高橋和子　撮影・川上信司）

TAKAO WATANABE

トーヨーキッチンスタイル
代表取締役社長

渡辺孝雄

本の感動は行動する力や人生の指針を与えるもの

自信を持つ大切さ知った『成功哲学』

私の10代はベトナム戦争の時代で、小田実《おだまこと》や本多勝一《ほんだかついち》の本が熱烈に読まれ、若者の関心が海の向こうに広がっていました。高校卒業後、私はアメリカに飛び出しましたが、それもある小説に感化されたからです。人を行動に駆り立てる。本にはそんな力もあります。

アメリカでは経済学を学び、先代社長だった父の後を継ぐ気持ちを固めて帰国しました。父は「おまえの好きなようにやれ」と言いましたが、社長としての能力が自分にあるのか、当時はいろいろと考えました。成功した経営者の本に感銘を受けたり、方法論を学べたりすることはあっても、自分なりの経営思想というものがつかみ切れなかったのです。

ちょうどその頃、青年会議所で開かれた講演で紹介されたのが、ナポレオン・ヒルの**『成功哲学』**でした。読んでみると、これは自分の人生の指針になる本だと思いました。この本が伝えている最も大切なことは、自分はこういうふうになりたい、なるんだと常に強く思うことと、それが実現するまで諦めないということだと私は思います。

それが仕事である以上、お金をもうけることは必要です。しかし、自分がやっていて面白いかということも大切だと思います。私が社長に就いた当時、当社の製品は低価格なステンレス流し台の汎用《はんよう》品が主体で、会議は売り上げやコストの話題ばかり。私には面白くありませんでした。価格というのは価値観の裏返しです。例えば１０００円の消しゴムは高いですが、１０００円の自転車なら安いでしょう。価格が独り歩きするのではなく、モノとしての価値を構築し、高めたいと私は思いました。その時にキーワードにしたのが、「デザイン」です。当時のキッチン業界は高いものは売れないという文化が染み付いていて、最初はなかなか理解してもらえませんでした。それでも信念を曲げずに成功を信じ、やがては花を開かせることができたのは、この本との出会いが大きかったと思います。

新しい産業が興隆する様に興奮した『新・電子立国』

次は山本七平《やまもとしちへい》の**『「空気」の研究』**です。たしか読んだのは高校生の頃です。若い時から私は、日本がなぜ太平洋戦争に突入したのか疑問に思っていたのです。経済力でアメリカに明らかに劣っていたことは、指導者たちは分かっていただろうにと。その謎が、この本と出会って少し解けた気がしました。

言われてみれば、日本という国は一つの「空気」ができてしまうと、それに反対するのは非常に勇気が要ります。「空気」の前には、理屈も何も力を失ってしまうからです。良くも悪くも、「空気」が日本の社会を制御する核になっています。社員たちに言わせると、私は「何でも疑って掛かる社長」だそうで、一つの考え方を当たり前に思うのは好きではありません。ただ、経営者としては慎重で、お客様の反応を見ながら、少しずつ進んでいくタイプです。心のどこかで、「空気」を意識しているのかもしれません。

次は90年代半ばにＮＨＫが放送したドキュメンタリーを書籍化した**『新・電子立国』**です。パソコン、インターネットという新しい産業が興り成長していくプロセスはとてもドラマチックで、わくわくさせられました。

この本にはＩＴ（情報技術）の可能性に懸けた、大勢の天才たちが登場します。とはいえビジネスが成功するかしないかには多分に運があり、意外なようですが新しいアイデアを最初に実現させた者が必ずしも報われるとは限りません。

例えば本書には、巨人ＩＢＭがいよいよパソコン市場に参入し、採用するＯＳ（基本ソフト）を決めるまでのエピソードが登場します。ＩＢＭは当時普及していたＣＰ／ＭというＯＳを採用するつもりでした。ところが話がうまく運ばず、マイクロソフト社がＯＳを急きょ開発することになったそうです。それがＭＳ－ＤＯＳ、また後のウィンドウズへと続くわけです。もしＩＢＭがＣＰ／Ｍを採用していたら、歴史は大きく違っていたはずです。経営者は、自分に才能があると思ってはいけない。８割方は運で、あとはやるべきことをやり遂げる体力が大事だと私は思うようにしています。

『青年は荒野をめざす』に触発されてアメリカへ

最後は、五木寛之《いつきひろゆき》さんの**『青年は荒野をめざす』**です。ジャズミュージシャンを目指す主人公がナホトカ経由でヨーロッパに渡り、冒険を重ねる物語です。私はこの本に刺激されて、狭い日本を飛び出さなければ人生が始まらないと思い込んだのです。１年は語学留学だとニューヨークで最先端のカルチャーに刺激を受け、そればかりもしていられないと、静かなオハイオの大学に通いました。

振り返ってみると、アメリカで最も学んだのは、知識や経営理論より「自分の頭で考える」ことの大切さでした。常識を疑い、切り口を違えて物事を見る。それが今の私の出発点になっていると思います。

WATANABE'S RECOMENDED BOOKS

『成功哲学』
(きこ書房)
ナポレオン・ヒル・著
田中孝顕・訳

アンドリュー・カーネギーの要請で万人が活用できる成功の秘訣(ひけつ)の体系化に着手し、成功を収めたヒル博士による自己啓発書の代表作の一つ。自分の心を見詰め自分自身の人生を生きること、成功を意識することの重要性を説く。

『「空気」の研究』
(文藝春秋)
山本七平・著

時に絶対的権威として社会に力を振るう「空気」。いかなる理屈や正論も突き崩せなかった空気を、一瞬にして変える「水」。太平洋戦争、社会主義運動、天皇制などを通じ、日本人の思考や心的秩序に深く結び付く「空気」の正体に迫る。

『新・電子立国』全6巻
(NHK出版)
相田洋 ほかNHK 取材班・著
〈品切れ〉

ソフトウエア競争、家電や自動車に進出するマイコン制御、ビデオゲームやデジタル映像技術、そしてインターネット。当時「21世紀のビジネス」として注目されたITの現場を、その世界をリードする人々を通じて描いたドキュメント。

『青年は荒野をめざす〈新装版〉』
(文藝春秋)
五木寛之・著

モスクワ、ヘルシンキ、パリ、マドリード……。本物のジャズミュージシャンとして自分に欠けている何かを求め、放浪を続ける20歳のトランペッター、ジュン。自由なる冒険に青春の情熱を突き動かされながら、若者は荒野を走り続ける。

『坂の上の雲』全8巻
(文藝春秋)
司馬遼太郎・著

近代国家への坂道を駆け上がろうとしていた明治半ばの日本。日露戦争で戦功を上げる秋山好古・真之兄弟と、同郷松山の文学者・正岡子規を中心に描かれた、近代日本の青春群像。近年のドラマ放送もあり、今なお愛読者を増やし続ける。

わたなべ・たかお　1948年生まれ。米ウィッテンバーグ大学卒業。91年トーヨーキッチンスタイル代表取締役社長就任。日本でいち早くキッチンを設備でなくコミュニケーションの核として提案し、同社が受け継ぐステンレス技術を活かしたハイエンドキッチンを販売。海外からも高い評価を受ける。2001年日本で初めてアイランドキッチンを発表。グッドデザイン賞18回受賞。06年ドイツiFデザイン賞審査員を務める。16年日本企業初EDIDA受賞。

(2011年5月24日掲載　構成・松身茂　撮影・星野章)

第4章

国境を越える

MASAMI IIJIMA

三井物産
代表取締役会長
飯島彰己

読むたびに新たな扉を開く名著は読者を映し出す鏡

ぶれない機軸を持つ大切さ

子どもの頃、我が家の書棚には年の離れた兄の世界文学全集がありました。当時私が好んだ本といえば伝記や冒険小説でしたが、書棚のドストエフスキーやモーパッサンなども時折手にしました。内容は理解できなかったものの、おかげで文字に接する機会は多かったです。

最初に紹介する本は、新渡戸《にとべ》稲造《いなぞう》の**『武士道』**（矢内原忠雄訳、岩波書店）です。初めて読んだのは学生時代でしたが、その時はざっと目を通した程度でした。ところが三井物産に入社した後、上司に「商社というのは（昔の）士農工商でいえば一番下だが、士の矜持《きょうじ》を持たなくてはいけない」という話を聞き、本書を読み直してみることにしたのです。

『武士道』には基軸はぶれてはいけないという教え、忍耐、克己の精神の大切さといったことが、非常にきれいに書かれています。同時に『武士道』と同じような考え方は世界のどの国にもあるはずで、それをお互いが重んじれば、争いや衝突もなくなるのではないかと私は思います。

次に紹介するのは、Ｐ・Ｆ・ドラッカーの**『ドラッカー365の金言』**です。私は大学で経営学を学びましたが、当時は経営学を経済学の一部と捉える考え方が残っていた時代です。そんな古い概念を払《ふっ》拭《しょく》し、経営の奥深さを気付かせてくれたのがドラッカー氏の**『現代の経営』**や**『断絶の時代』**（いずれも上田惇生訳、ダイヤモンド社）でした。経営は経済学のみならず、心理学、宗教哲学、自然科学なども内に持つ総合的な知の体系です。『ドラッカー365の金言』は忙しい時間の合間にも著者が残した至言に接することができ、松下幸之助《まつしたこうのすけ》の**『実践経営哲学』**（ＰＨＰ研究所）などと並び、私が自宅と会社の書棚の両方に置いている本の一つです。

企業が目を向けるべき世界の貧困や格差

近年の本では、マイクロソフト社のビル・ゲイツ会長が企業と市場社会の未来の在り方を「創造的資本主義」という名で提唱した**『ゲイツとバフェット　新しい資本主義を語る』**に感銘を受けました。

世界が行き過ぎた市場経済への反省に立つ中で、これからの仕事のやり方は、第三者に対する奉仕という視点がなくてはいけないと思います。本業を超えたＣＳＲ（企業の社会的責任）活動も大切ですが、(ゲイツ氏が述べるように）企業経営は本業の中で社会的責任を果たさなくてはいけません。利益を追求するだけでなく、コンプライアンスを守り、「良い仕事」をしながら世界の貧困や格差にも目を向けなければ、企業は持続的に発展できません。

三井物産は、「良い仕事をしよう」というスローガンを掲げています。良い仕事とは、世の中の役に立つ仕事。お客様やパートナーの皆様にとって有益な付加価値を生み出している仕事。そして自分自身のやりがいと納得感につながる仕事です。これはゴールのない永遠の取り組みですが、決して理想論ではありません。社会の良識に反する仕事はやらない。それは人こそが最大の資産である三井物産が守り続けなくてはならない理念です。

人を通じて世界と結ばれている私たちが世界に対して何ができるのかを考えた時、大きな感銘を与えてくれる本が、世界銀行で副総裁を務められた西水美恵子《にしみずみえこ》さんの著書『**国をつくるという仕事**』です。西水さんは想像を絶する貧困の中にいる人々と真正面から向き合い、苦しみの声を政治へとありのままに届けて、世界のリーダーたちの心を動かしました。

民間企業や開発援助機関の活動においても、世界の貧困層の生活向上に寄与できる事業を展開し、同時にさまざまな社会的問題に対する解決手段を提供するＢＯＰ（Base of the Pyramid）ビジネスが今注目されています。三井物産の取り組みを一つご紹介すると、アフリカのモザンビークに太陽光発電を利用した灌漑《かんがい》用水ポンプ設備を建設し、地域の人々に農業開発を通じた経済的自立に役立ててもらおうというプロジェクトをスタートさせました。

最後は私を勇気付けてくれる本として身近に置いている、中村天風《なかむらてんぷう》の『**運命を拓《ひら》く——天風瞑想録**』です。天風氏は心の持ちようが人の人生に大きく働きかけると説きました。人間の可能性を信じて自己修練を怠らず、自然界との調和した生き方を教える本書は、人間は清く明るく美しく、前向きでなくてはと思えてくる本です。

若いうちにできるだけたくさんの歴史書を

読書は出社前の時間を使っています。そうすると、おのずと起床時間はいつも4時頃になります。

一人の人間が体験できることは限られていても、私たちは、本を通じて過去の歴史や先人たちの人生から多くを学ぶことができます。特に若い世代の人たちには、できるだけ歴史の本を読むことをお薦めしますね。例えば私は『**大国の興亡**』(ポール・ケネディ著、鈴木主税訳、草思社)には大いに魅了されましたが、比較的近年の作品であれば塩野七生《しおのななみ》さんの労作『**ローマ人の物語**』(新潮社)はすばらしいと思います。

名著と言われる本には、読み手の人生経験に応じて新たな気付きや教えを授けてくれる魅力があります。ですから私は大切な本は何回も読み直しますし、文章をじっくり読む熟読派です。人も本も第一印象だけでは分からないもの。時間を掛けてじっくり付き合うようにしています。

『ドラッカー365の金言』
（ダイヤモンド社）
P・F・ドラッカー・著
上田惇生・訳

ドラッカーの洞察力に富む365の言葉をカレンダー方式で構成。「奥様のお話によれば、生前の氏は『代表作は次回作』と常に口にされていたそうです。その向上心に改めて敬服しました」と語る。

『ゲイツとバフェット 新しい資本主義を語る』
（徳間書店）
マイケル・キンズレー・著
和泉裕子、山田美明・訳 〈絶版〉

「他人を思いやる力」を企業が実践するため資本主義のシステムの修正を訴えた2008年ダボス会議でのビル・ゲイツのスピーチを議論の出発点に、世界経済のリーダーたちが未来を語る。

『国をつくるという仕事』
（英治出版）
西水美恵子・著

前世界銀行副総裁である著者が世界の貧困と闘った日々を振り返り、腐敗と闘うリーダーたちの姿を描く。貧困の中で失われていく命を目の当たりにして、世界銀行に身を投じる決心をする序章から読む者の心を離さない。

『運命を拓く――天風瞑想録』
（講談社）
中村天風・著

日清・日露戦争で軍事探偵として活躍し、後に実業界でも名を成した中村天風による人生を積極的に生きるための教え。「人生の一切は、全て人の心によって創られている」と「心が取る態度」の大切さを説く。

『知識創造企業』
（東洋経済新報社）
野中郁次郎、竹内弘高・著
梅本勝博・訳

イノベーション（知識創造）において、言葉や数字で捉えられる「形式知」と形式知化がしにくい「暗黙知」を相補的に利用する日本企業の特徴を論じ、世界的に注目を集めた両氏の代表作。

いいじま・まさみ　1950年神奈川県生まれ。74年横浜国立大学経営学部卒。同年4月三井物産入社。鉄鋼原料本部製鋼原料部長、金属総括部長、金属・エネルギー総括部長などを経て、2006年執行役員　鉄鋼原料・非鉄金属本部長。07年4月執行役員金属資源本部長。08年4月常務執行役員。同年6月代表取締役常務執行役員。同年10月代表取締役　専務執行役員。09年4月代表取締役社長（新聞掲載当時）。16年4月から代表取締役会長。

（2010年3月18日掲載　構成・松身茂　撮影・星野章）

LEADERS AS READER

TOSHIAKI KUROSAKA

ポルシェ ジャパン 会長

黒坂登志明

アイデンティティーも ビジネススキルも 本から

働く勇気をくれた歴史大河

戦後の物がない時代に幼少期を過ごし、友達と相撲を取ったり、地元横須賀に残る塹壕《ざんごう》跡に基地を作ったりと、素朴な遊びに興じる毎日でした。そんなやんちゃ坊主が、勉強のできる子の行いを見習って始めたのが、図書館通いです。野口英世《のぐちひでよ》やエジソンなどの偉人伝に触れて読書に目覚め、姉の本棚にあるモーパッサンやドストエフスキーなどの文学作品にも手を伸ばすようになりました。

私にとって本は、大げさでなく生きることと直結しています。自分一人が見聞きできる物事は限られていて、小説などを通じてさまざまな人生を疑似体験することで、より豊かな情緒や感性を育んでこられたと思うのです。美しい印象が残っているからこそ二度と読まずにおこうと思う作品もあります。ジョン・ゴールズワージーの**『林檎《りんご》の木』**(渡辺万里訳、新潮社)、ウィリアム・ハドソンの**『緑の館』**(柏倉俊三訳、岩波書店)など、姉から借りた恋愛小説にそうしたものが多い気がします。

本は、仕事の支えにもなってきました。最初に入社した本田技研工業では、車の輸出業務に当たる外国部に配属されました。営業の半数が中途採用の精鋭で、語学力に長《た》けた人たちばかりでした。大学の語学系の学部出身でもなく、明らかに力不足だった私は、なりふり構わず猛勉強に励みましたが、精神的にかなり追い込まれました。大学卒業と同時に結婚したので、家族を養わなければならないというプレッシャーもありました。そんな時によりどころとなったのが、歴史大河小説です。**『徳川家康《とくがわいえやす》』**(山岡荘八著、講談社)**『坂の上の雲』**(司馬遼太郎著、文藝春秋)など手当たり次第に読み、とりわけ**『勝海舟《かつかいしゅう》』**に惚《ほ》れ込みました。外圧の中で対立する徳川家と薩長勢との間に立ち、大政奉還や江戸開城など数々の難問に落とし前をつけていった勝。一命を賭して国の近代化に尽くしたその心意気に胸打たれ、勇気付けられました。私は父親を小学5年生の時に亡くしたので、少年麟太郎《りんたろう》と父・小吉《こきち》との親子鷹《おやこだか》にも憧れました。後に外国人を相手に仕事をするようになり、「日本人とは」と考える機会が増える中で、いつも思い出すのが、勝海舟の生きざまでした。

若いビジネスマンは読んで学んでほしい

『経営の行動指針』も、新米社会人の頃に読み、心を奮い立たせた本です。土光敏夫《どこうとしお》さんの100の語録をまとめたもので、『勝海舟』が親子鷹への憧れなら、こちらは父の助言のように捉えていました。最も響いたのは、「日に新たに、日々に新たなり」という言葉です。今では私自身の座右の銘となっています。もとは中国の古典**『大学』**（『大学・中庸』金谷治訳注、岩波書店）にある一節で、「昨日も明日もない。新たに、今日という清浄無垢《むく》の日を迎える。今日一日に全力を傾ける」という意味です。利益一辺倒ではない、モラルある企業経営というものの神髄を、この本に見付けることができます。

以下は、全て若いビジネスマンに読んでほしい本です。**『1分間マネジャー――部下を成長させる3つの秘訣《ひけつ》』**は、ハーバード・ビジネス・スクールの教科書にも使われ、**『1分間リーダーシップ――能力とヤル気に即した4つの実践指導法』**（『新・1分間リーダーシップ』ケン・ブランチャード、パトリシア・ジガーミ、ドリア・ジガーミ著、田辺希久子訳、ダイヤモンド社）、**『1分間顧客サービス――熱狂的ファンをつくる3つの秘訣』**（K・ブランチャード、S・ボウルズ著、門田美鈴訳、ダイヤモンド社）など姉妹版も出ています。シリーズで一貫して伝えるのは、1分で実行できる人材育成や生産性の向上など、ビジネスを成功に導くスキルです。海外と比べて日本のビジネスピープルはスキルアップの勉強が全く足りていません。私もかつてはそうでしたが、グローバルビジネスに関わる立場としての、英語による効果的なプレゼンテーションなどについてこれらの本からトレーニングを受けました。コンサルタントにお金や時間を掛けなくても、シリーズを読めば多くの学びがあるはずです。

有効なマーケティングプランの作り方、使い方を示す『**マーケティング・イラストレイテッド**』も参考書です。今やマーケティングの知識なしに企業の幹部にはなり得ない時代で、マーケティング理論や企業の手法をイラストとともに分かりやすく解説した本書は、ビジネスの助けになると思います。

リーダーに求められる資質や人間的魅力

『**ラーニング・リーダーシップ入門――ダイバーシティで人と組織を伸ばす**』は、個性の反映、人材の多様性、リーダーと部下の双方向性などを重視するニューリーダー像を提示します。P・F・ドラッカーは、「リーダーシップはマネジメントではない」と言ったそうですが、「仕事としてとらえられるようなリーダーシップの項目は、リーダーとしてなすべき当たり前の前提であって、今はそれに加えて、資質や人間的魅力が求められているのではないか」という本書の見解に同感します。資質という点では、先進的な物の見方が求められます。そこでお薦めしたいのが、『**TOPPOINT**』(パーソナルブレーン)という月刊誌(年間予約・直売)です。ためになるビジネス関連の新刊本のタイトルと内容が端的に紹介されています。朝早くから夜遅くまで会社にいて仕事に忙殺される我が身には大変有用で、同誌と新聞の書評と出版広告の情報は常にインプットし、効率よく選書、購読しています。こうした情報に加え、グローバルビジネスにおいて武器になるのは、自国文化に対する知識や日本人としてのアイデンティティーです。私は歴史小説などでそれを養いました。本のおかげで、世界のどこへ行っても話題に困ることはありません。

『勝海舟』全6巻
（新潮社）
子母沢寛・著

幕末・維新の動乱期に近代日本の運命を背負った勝海舟の半生を描く大河小説。愛情あふれる父や師に恵まれた少年時代に始まり、黒船渡来、咸臨丸渡米、大政奉還、江戸開城といった時代のうねりを、英傑たちとの交流を織り交ぜつづる。

『新訂 経営の行動指針』
（産業能率大学出版部）
土光敏夫・著　本郷孝信・編

名経営者として知られる著者の語録。著者が東芝社長時代、「変化の激しい時代に固定した物の考え方は許されない」と発言したことから、毎日変わる社是社訓として東芝の社内報に連載された。編者秘蔵の語録や解説も加えた現代の指針。

『新1分間マネジャー――部下を成長させる3つの秘訣』
（ダイヤモンド社）
K・ブランチャード、S・ジョンソン・著　小林薫・訳

人間行動科学から得られた洞察に基づき、働く人が生き生きと輝き、おのずと生産性の上がる組織を築くためのマネジメントを考察。「1分間で目標を設定する、褒める、叱る」という三つの秘訣（ひけつ）を示す。

『マーケティング・イラストレイテッド』
（東急エージェンシー）
マーカム・マクドナルド、ピーター・モリス・著　東急エージェンシー・マーケティグ局・訳　〈品切れ〉

「いかにしたらマーケティングプラン作成の準備が効果的にできるか」「どのようにしたら、実際のマーケティングプランをより効率よく立案、運用、遂行できるか」などについて、マーケティング・シーンに沿ったイラスト付きで解説する。

『ラーニング・リーダーシップ入門――ダイバーシティで人と組織を伸ばす』
（日本経済新聞出版社）
牛尾奈緒美、石川公彦、志村光太郎・著

リーダーシップ論、人材育成論、ダイバーシティなどに新視点を加え、体系化した統合的なマネジメント論を展開。社員の個性を発揮させ、双方向コミュニケーションで組織を活性化させている企業の事例などを豊富に紹介。

くろさか・としあき　1946年神奈川県生まれ。71年慶応義塾大学経済学部卒。同年本田技研工業入社。77～82年営業責任者としてオランダに駐在。84年BMWジャパン入社。85年ミツワ自動車入社、販売担当の取締役に就任。95年11月代表取締役社長（新聞掲載当時）。2014年2月会長に就任。

（2012年3月12日掲載　構成・高橋和子　撮影・星野章）

TOSHIKAZU KOIKE

ブラザー工業
代表取締役社長

小池利和

読書を通じてかみしめる、人生の大事な価値観

上を目指すハングリー精神に共感

入社3年目でアメリカに赴任し、以来23年間向こうで働きました。オンライン通販で海外の本を入手できる時代ではなかったので、日本の本が読みたければ、出張で帰国した際に数十冊をまとめ買いするか、ニューヨークの紀伊國屋書店で入手していました。仕事の息抜きになってくれた本たちは、一緒に帰国して今でも我が家の本棚に納まっています。

アメリカに赴任したからには、英語の本を手当たり次第に読めたらよかったのですが、当初は語学力が追い付かず、反動で日本の本をたくさん読みました。歴史小説、特に司馬遼太郎《しばりょうたろう》さんの作品が好きで、自分が上昇志向の強い性格のせいか、北条早雲《ほうじょうそううん》の生涯を描いた**『箱根の坂』**（講談社）、新選組を描いた**『燃えよ剣』**（新潮社）など、一介の民が身一つでのし上がっていくような物語に心引かれました。中でも、油売りから身を起こして美濃一国の主となった斎藤道三《さいとうどうさん》の生涯を描いた**『国盗り物語』**は、高校時代に読んだこともあって、強く印象に残っています。謀略や裏切りなど、清くない面もある道三ですが、それを差し引いても、命を懸けて〝国盗り〟をやるんだという気概は大したもので、「男子として見習わねば」と、触発されました。

次に紹介するのは、**『失敗の本質――日本軍の組織論的研究』**です。「大東亜戦争史上の失敗に示された日本軍の組織特性を探求する」ことをテーマとし、ミッドウェー作戦、ガダルカナル作戦などにおける失敗について分析しています。20代後半に読み、後に司馬さんの**『坂の上の雲』**（文藝春秋）を読んで、さらに本書の内容が腑《ふ》に落ちました。つまり、日露戦争は奇跡的な勝利だったにもかかわらず、その自覚なく無謀な戦争に突き進んでしまったと。戦況を克明に追った本書は、日本軍の致命的な失敗が、情報不足と一貫性のない戦略であったと伝えます。企業経営もトップに情報収集力がなければ的確な判断は下せず、発信力がなければ社員と目標を共有することはできません。言行不一致は、社内外の不信を招きます。「あいまいな戦略目的」「成功体験に基づく組織の硬直化」「結果より経過を評価」など、現代に通じる失敗の本質をあらわにする提言の書です。

鷹山の「率先垂範」を経営者として手本に

『全一冊　小説　上杉鷹山《うえすぎようざん》』は、江戸時代中期、行き詰まった米沢藩の財政を再建した名君の物語です。九州の高鍋藩から養子として上杉家に入った鷹山は、17歳で米沢藩主となり、重臣たちの嫌がらせや妨害にも負けず、勤倹、節約を軸とする藩政改革を断行します。物怖じせずに上役に直言できる「正義派」を集めた人材登用や、地場産業の振興によって歳入を増やしたビジネス手腕は見事で、鷹山の発想は、そのまま今の社会に通用するものだと思います。

何より感銘を受けたのは、トップに立つ者として進んで粗食に耐え、自邸の庭に作物を手植えし、労働の現場に足を運んで藩民をねぎらった率先垂範の精神です。プライドばかり高く既得権益を手放そうとしない重臣たちの抵抗ぶりを読みながら、「ブラザー工業にこういう歴史はないな」なんてことも思いました。ブラザーは、私が新入社員の頃から家族的で居心地のいい会社で、それこそ物怖じせず上司に意見できる社風でした。今は経営者として鷹山に習い、風通しのいい職場の維持と、率先垂範に努めています。

次は、**『赤塚不二夫《あかつかふじお》のことを書いたのだ!!』**です。私は少年時代から漫画が好きで、横山光輝《よこやまみつてる》さんの忍者漫画**『伊賀の影丸』**（秋田書店）、ちばてつやさんの相撲漫画**『のたり松太郎』**（小学館）は今も全巻取ってあります。本書は、**『おそ松くん』**（小学館）や**『もーれつア太郎』**（小学館）などギャグ漫画の名作を生んだ赤塚さんの素顔や制作秘話、同時代の漫画家との交流、助手や編集者と繰り広げた抱腹絶倒のエピソードをつづります。手塚治虫《てづかおさむ》に続く天才がきら星のごとく登場した漫画文化の草創期のあれこれについて、**『週刊少年サンデー』**(小学館)の「赤塚番」が著しているところも興味深く、この時代の漫画に親しんだ人ならきっと楽しめると思います。

毎日心に届く前向きな詩の数々

『一生感動　一生青春』は、相田《あいだ》みつをさんの詩と書の魅力が詰まった一冊です。書名の詩を始め、素直で前向きな相田さんの言葉にはいつも励まされています。また、日によって胸を打つフレーズが違うのです。自宅に掛けてある相田さんの日めくりカレンダーに書かれた「これでいいということはないがこれが今の私の精一杯の姿です」という言葉が、妙に心にしみた日もありました。昨今のユーロ安や欧州経済の低迷が頭から離れなかったからかもしれません。ブラザーは欧州に大きな市場を持っているため、これらは悩ましい課題で、商品の値上げを避ける努力を続けています。そんな状況を応援してもらったような気持ちになれたのだと思います。

斎藤道三の「チャレンジ精神」、戦争史を通じた「失敗からの学習」、上杉鷹山の「率先垂範」、赤塚不二夫作品の「ユーモアの力」……。本は、人生のヒントを与えてくれます。この(2012年)3月、経済ジャーナリストの高井尚之《たかいなおゆき》さんが、私への取材をもとに、**『「解」は己の中にあり「ブラザー小池利和」の経営哲学60』**(講談社)という本を出版されました。取材時に自分が大事にしたい価値観として語ったことと、共感した本の内容とが随分重なるなと、5冊を振り返って感じています。

『国盗り物語』全4巻
（新潮社）
司馬遼太郎・著

戦国初頭、妙覚寺で「知恵の法蓮房」と呼ばれた松波庄九郎、後の斎藤道三が、“国盗り”を夢見て油売りから身を起こし、美濃国守・土岐家を翻弄（ほんろう）の末、美濃の太守の座を勝ち取るまでの物語。

『失敗の本質
――日本軍の組織論的研究』
（中央公論新社）
戸部良一、寺本義也ほか・著

「敗戦の原因は何か?」という観点から、ノモンハン事件、ミッドウェー作戦、ガダルカナル作戦、インパール作戦、レイテ海戦、沖縄戦における日本軍の戦略、組織特性を分析し、失敗の本質を指摘する。日本の企業組織に示唆を与える一冊。

『全一冊 小説 上杉鷹山』
（集英社）
童門冬二・著

若くして九州の小藩から名門・上杉家の養子に入り、米沢藩主となった上杉治憲（後の鷹山）が、優れた実践能力と人を思いやる心によって家臣や領民の信頼を集め、破滅の危機にあった藩政を立て直すまでの感動の生涯を描く。

『赤塚不二夫のことを書いたのだ!!』
（文藝春秋）
武居俊樹・著

「武居記者」として赤塚漫画の人気キャラクターになった名物編集者が、赤塚不二夫との40年にわたる交流の中で起こった出来事をつづる。「キャバレーでアイデア」「パパのモデルは父親なのだ」「つげ義春との友情」などエピソードが満載。

『一生感動 一生青春』
（文化出版局）
相田みつを・著

ベストセラー『にんげんだもの』に続き、人間本来のありようを詩と書でまとめた一冊。「生きていく上で一番大事なのは自分自身の感動である」という著者の思いがこもった書名の作品を始め、数々の名言を紹介する。エッセーも多数掲載。

こいけ・としかず　1955年愛知県生まれ。79年早稲田大学政治経済学部卒。同年ブラザー工業入社。82年ブラザーインターナショナルコーポレーション（U. S. A.）に出向し、アメリカにおけるプリンティング事業の拡大に注力。2000年同社取締役社長に就任し、南米販社を始めとする米州事業再建に成功。05年、23年間の米国勤務から帰国。07年ブラザー工業代表取締役社長に就任。

（2012年6月25日掲載　構成・高橋和子　撮影・近藤忍）

TORU SAITO

アウディ ジャパン
代表取締役社長

斎藤 徹

読書を通じて駐在国の理解を深めた

好んで読んだのは異文化交流の物語

アウディに入る以前は、海外勤務が多かったせいか、異文化交流について書かれた本を好んで読んできました。白石一郎《しらいしいちろう》の**『南海放浪記』**（集英社）、司馬遼太郎《しばりょうたろう》の**『坂の上の雲』**（文藝春秋）、井上靖《いのうえやすし》の**『天平の甍《いらか》』**（新潮社）などです。ロシアに駐在していた時には、ロシア人の価値観を理解するために、ドストエフスキーやトルストイといったロシア文学の数々や、ロシア事情に精通した米原万里《よねはらまり》氏、佐藤優《さとうまさる》氏の著書などを読みました。

井上靖の**『おろしや国酔夢譚《たん》』**を読んだのもロシア駐在時。江戸時代にロシアの地に漂着した日本人船員たちの艱難辛苦《かんなんしんく》を描いた物語です。厳しい寒さで衰弱死する者や、ロシア正教の洗礼を受けて現地に帰化する者がいる中で、エカチェリーナ2世との対面を果たし、帰国を実現させた主人公、大黒屋光《だいこくやこう》太夫《だゆう》。その望郷の念と不屈の精神に胸を打たれました。

ロシアでの職務は、現地法人の立ち上げと、販路の開拓でした。当初の日本人社員は私一人。現地で部下を探すことから始めねばなりませんでした。苦労もありましたが、ロシアの社員は総じて有能で、頼りになりました。おかげで販路は拡大し、年間MVPに当たる社長賞をいただきました。ロシア人の考え方を理解し、現地社員と信頼関係を築けたことが大きかったと思います。

高校、大学と、登山部に所属していました。読む本も山に関するものに興味が行き、新田次郎《にったじろう》の山岳小説や、アルパインスタイルの草分けとして知られるガストン・レビュファの**『星と嵐――6つの北壁登行』**(集英社)に感銘を受けました。近年は、山岳や自然に関する名著を文庫化しているヤマケイ文庫に親しんでいます。その原点と言える田部重治《たべじゅうじ》の**『山と溪谷――田部重治選集』**は、再読して改めて貴重な内容だと感じました。田部さんが登山家として活躍したのは、大正から昭和初期にかけて。まだ観光地化されていない、自然そのままの日本の山々の姿がうかがえます。田部さんは、奥秩父の原生林を愛し、生き生きと描写しました。奥秩父は、東京育ちの私が、奥多摩と並んで親しんだ山々。著者とともに歩いている気分で文字を追いました。登山は今も趣味で、(2016年)3月の連休には、雪が残る八ヶ岳の赤岳に登りました。責任ある立場ですから、綿密な登山計画を立てます。そのプロセスも含めて、自分の心と向き合えるいい時間です。

佐藤一斎《さとういっさい》に触発され「敬挑」の造語を贈る

佐藤一斎の**『言志四録』**は、何かの本で「西郷隆盛《さいごうたかもり》が座右の書として愛誦《あいしょう》した」と書いてあるのを読み、手に取りました。「三学戒」など、箴言《しんげん》が続きます。目に留まったのは、「敬を以《もっ》てして、以て人を安んじ（敬意が人の心に安定をもたらす）」という一節。ふと「敬挑」という造語を思い付き、アウディの最優秀ディーラーの授賞式で、この言葉を書いた色紙を贈りました。自動車メーカーの成長を支えているのは、お客様に接するディーラーであり、彼らへの敬意こそがアウディ周辺の人々に安定をもたらすと考えたからです。「挑」の字には、上位メーカーにアグレッシブに挑戦する、との思いを込めました。この言葉は社長室にも飾っています。

『イノベーションのジレンマ――技術革新が巨大企業を滅ぼすとき』は、革新的で顧客の意見に敏感な組織と評価された企業が、その成功体験にとらわれるあまり技術革新を無視し、新たなイノベーションの機会を逃してしまう可能性を指摘しています。自動車産業にも当てはまることで、近年は特に、自動運転や人工知能（ＡＩ）の進化、ＩＴ（情報技術）企業を中心とする第三勢力の参入など、新たな動きが国内外で見られます。社の遺産が大きいほど、リーダーの先見の明と思い切りの良さが問われる。そんなことを考えさせられた一冊です。

それから、**『２０５２――今後40年のグローバル予測』**も紹介します。資源の枯渇、環境汚染、生態系の破壊、異常気象などの問題点を提起し、今できることは何かを問う書です。「温暖化によりヨーロッパの勢力は北に移動し、スコットランドは繁栄してイギリスから独立する」といった予測の数々は衝撃的でした。製造業に関わっている以上、環境負荷の問題は無視できません。ましてや自分は、山登りを楽しみ、自然の恩恵を肌で感じてきた人間。戒めとして本書を読みました。

今の時代は、書店に並ぶ本の入れ替わりが激しい上、情報があまりにも多く、自分に合う本のチョイスが難しい。だからこそ良書との出会いは喜びであり、常に探し続けています。

SAITO'S RECOMENDED BOOKS

『おろしや国酔夢譚』
（文藝春秋）
井上靖・著

「神昌丸」の乗組員17人が漂流の末にたどり着いたのは、ロシア帝国の属領の島。10年に及ぶ流浪の暮らしや大黒屋光太夫のリーダーシップを描く歴史長編。

『山と溪谷――田部重治選集』
（山と溪谷社）
田部重治・著

山岳文学の古典『山と溪谷』が、新たな編集の目で精選されて文庫本として復刻。山岳専門雑誌『山と溪谷』のルーツとなった、先駆的登山と思索の道程。

『［現代語抄訳］言志四録』
（PHP研究所）
佐藤一斎・著　岬龍一郎・編訳

佐久間象山、中村正直、山田方谷、西郷隆盛など、幕末・維新の志士たちに思想的影響を与えた佐藤一斎の名著を、編訳者の解説とともに現代人向けに抄訳。

『増補改訂版 イノベーションのジレンマ――技術革新が巨大企業を滅ぼすとき』
（翔泳社）
クレイトン・クリステンセン・著
玉田俊平太・監修　伊豆原弓・訳

トップ企業が、顧客の声を聞き、新技術に投資しても、なお技術や市場構造の破壊的変化に直面した際、優位性を失ってしまう現象に明確な解を与える書。

『2052――今後40年のグローバル予測』
（日経BP社）
ヨルゲン・ランダース・著
野中香方子・訳

持続不可能な方向に進んでいる地球に対し、人類がどんな行動を取るのか、取らないのか。30以上の分野にわたる世界の識者の見解を踏まえ、未来を予測。

さいとう・とおる　1960年東京生まれ。82年慶應義塾大学経済学部卒。同年日産自動車入社。主に海外事業部門でキャリアを積み、日産ロシア社長、日産ヨーロッパ上級副社長、インフィニティ部門統括執行役員などを歴任。オーテックジャパン代表取締役最高執行責任者（COO）を経て、2015年4月アウディ ジャパン販売代表取締役社長に就任。16年1月から代表取締役社長。

（2016年5月25日掲載　構成・高橋和子　撮影・合田和弘）

HIROSHIGE SUGIHARA

日本オラクル
取締役　代表執行役社長兼ＣＥＯ

杉原博茂

キャリアの節目に本があった

劉邦《りゅうほう》から学んだ諦めない強さ

読書に目覚めたのは、アメリカ留学時代。現地で数少ない日本人の友人が読書家で、つられて読むようになりました。以来、読書は心のビタミン剤です。

出身は大阪で、自宅近くに司馬遼太郎《しばりょうたろう》記念館がありました。そのため、司馬作品には特別な親しみがあります。**『項羽《こうう》と劉邦』**は、エリートで連戦連勝の項羽と、侠客《きょうかく》上がりで連戦連敗の劉邦の対比を生き生きと描きます。読んだのは、アメリカ留学を終え、通信機器の販売などを行う会社の営業部で働き始めた頃。当時の私は、売れないセールスマンでした。劉邦は、何度負けても戦い続け、最終的には項羽に勝利しました。勝因は、諦めない強い気持ちと、周囲の助言に耳を傾ける勇気です。仕事で負け通しだった私には、沁《し》みる内容でした。断られ続けても諦めずに通い詰めた会社の社長から、「あなたから買うよ」と言われた時の喜びとともに思い出します。

やがて営業成績は上向き、その後、国際事業部などを経て、アメリカ支社の立ち上げを任されました。会社が投資していた超高速データ通信の技術の製品化と販売が目的で、最初は開発者の自宅のキッチンをオフィス代わりにしていました。現地の技術者を雇ってオフィスを構えると、開発計画などについて現地スタッフと折り合わないことが多く、本社からはそれを責められ、板挟みの状況に苦しみました。そんなある日、尊敬する現地の起業家から「本田宗一郎《ほんだそういちろう》の本に影響を受けた」という話を聞き、**『得手に帆あげて――本田宗一郎の人生哲学』**を読みました。本田さんの情熱「ホンダイズム」がほとばしる一冊で、「神は決して苦しみだけをよこさない。苦しみには楽しみを必ずつけてよこす」「悲しみも喜びも、感動も、落胆も、つねに素直に味わうことが大事だ。なぜかといえば、そこに、次の行動への足がかりもできれば、エネルギッシュな意欲も生まれるからである」といった言葉に励まされました。また、営業系と技術系の考え方にギャップがあって当然、という思いに至り、技術者たちと率直に話ができるようになりました。今もしんどいことがあると思い出す心の書です。

30歳を過ぎてアリゾナを本拠とする通信機器会社に転職し、アジア地域のビジネス立ち上げに携わりました。初めて社長職に就き、過去の指導者たちの本に目が行くようになりました。心に残るのは、織《お》田信長《だのぶなが》の生涯を描いた**『下天は夢か』**。信長は、四方を敵に囲まれ、身内や譜代の大名から背を向けられる中、大胆な抜擢《ばってき》人事を行い、信賞必罰により家臣間の切磋琢磨《せっさたくま》を促しました。おのずと有能な人材が育ち、数々の厳しい戦いを物にできた。思えば信長は、バックグラウンドを問わず人材を活用するダイバーシティーを16世紀に実践した人で、そのリーダーシップに圧倒されました。

アメリカのIT文化、源流は日本的だった

41歳の時にボストン郊外に本社を置く企業に転職しました。IT分野での成功を象徴する大企業で、ここで働く人たちの源流は何かと探る中で、**『IBMの息子――トーマス・J・ワトソン・ジュニア自伝』**に出会いました。IBMの創業者のジュニアで、同社の2代目社長を継いだ著者が、父親と自身の人生、そしてIBMの歴史を詳細につづった自叙伝です。本書を読むまでは、合理的でドライな経営がアメリカで成功した企業の強みだと考えていましたが、それが根底から覆されました。IBMの成長の陰に、「社員は家族」「全社一丸」「懸命に努力」といった、いわば〝スーパー日本的〟な思想があったことや、一人のカリスマのトップダウンではなく、ボトムアップを大事にしてきたことなどを知り、目から鱗《うろこ》が落ちました。

50歳を前に、サーバーの世界最大手の日本本社役員となりました。就任時に与えられた任務は、巨大になった組織の硬直化をどう防ぐか。参考になったのが、**『英国海兵隊に学ぶ　最強組織のつくり方』**です。著者は、ビジネス界に転身した元英国海兵隊将校。対ゲリラ戦や対テロリスト戦が起こり得る現

代は、伝統的な中央集権・絶対服従の軍隊のマネジメントは機能せず、権限委譲型のマネジメントが機能するとし、「市場変化が予測困難になり、権限委譲が不可欠となっているのは、ビジネスの世界もまったく同じ」と説きます。確かに、昨日までパートナーだった企業が突如競争相手に転じたり、異業種の企業が新規参入してきたりと、事業形態がめまぐるしく変わる時代です。リーダーには、明快なビジョンの提示と現場に任せる器量が不可欠で、このことは今も肝に銘じています。ビジネスに通用する軍隊式マネジメントが、信長の手法と酷似しているという意外な気付きもありました。

『項羽と劉邦』上・中・下巻
(新潮社)

司馬遼太郎・著

始皇帝の死後、各地で反乱軍が蜂起した中国。乱世において、ごろつき上がりの劉邦が、楚の猛将・項羽と天下を争った末に漢帝国を樹立するまでの物語。

『得手に帆あげて
――本田宗一郎の人生哲学』
(三笠書房)

本田宗一郎・著

本田技研工業創業者の本田宗一郎氏が、破天荒な幼少時代や技術者時代を振り返り、人生哲学を語り尽くす。政治学者・藤原弘達氏との対談も収録。

『下天は夢か』全4巻
(角川書店)

津本陽・著

織田信長はいかにして近世への扉を押し開いたのか。その思考、行動に緻密(ちみつ)なまでの分析を試みつつ壮大なスケールで信長を描き切った戦国小説の傑作。

『IBMの息子――トーマス・J・ワトソン・ジュニア自伝』
上・下巻(新潮社)

トーマス・J・ワトソン・ジュニア・著　高見浩・訳
〈絶版〉

IBM創業者のジュニアが、自身の放蕩(ほうとう)時代や、軍隊での思い出、父との愛憎などを赤裸々につづる。IBMとアメリカのコンピューター産業の歴史も活写。

『英国海兵隊に学ぶ
最強組織のつくり方』
(かんき出版)

岩本仁・著

権限委譲型の「ミッションコマンド」は、現在、NATO軍に加盟する先進国の軍隊で運用されているマネジメント手法。この手法をビジネスに応用する方法を解説。

すぎはら・ひろしげ　1960年大阪府生まれ。82年フォーバル入社。89年フォーバルアメリカインクに出向。93年インターテル入社。2001年EMCジャパン入社。09年シスコシステムズ合同会社入社。10年日本ヒューレット・パッカード入社。13年オラクル・コーポレーション入社。14年4月日本オラクル代表執行役社長 兼CEO(最高経営責任者)に就任。同年8月から取締役 代表執行役社長 兼CEO。

(2015年9月23日掲載　構成・高橋和子　撮影・合田和弘)

LEADERS AS READER

AKIO TSUNODA

公文教育研究会
相談役

角田秋生

年月を経て、本の進化に気付く妙味

海外出張時、帰国時に必ず読みたくなる本

公文は世界6エリアにグループ法人を有し、私は各社を統括する立場として少なくとも年間10回は海外に赴きます。その際に機上で読む本の定番は、司馬遼太郎《しばりょうたろう》さんの作品です。中でも『**十六の話**』は愛読書です。各章のテーマは様々で、司馬さんが開高健《かいこうたけし》さんに向けた弔辞も収載しています。私は開高さんの作品も大好きなので、司馬さんの格調高い〝開高評〟にしびれました。教育に携わる者として感

銘を受けたのは、「二十一世紀に生きる君たちへ」という章です。「私には二十一世紀のことなど、とても予測できない。ただ、私に言えることがある。それは、歴史から学んだ人間の生き方の基本的なことどもである」。司馬さんはこのように語りかけ、「いたわり」「他人の痛みを感じること」「やさしさ」を身に付ける訓練をすることで自己を確立せよ、それらはいつの時代になっても、人間が生きていく上で欠かすことができない心構えである、と説きます。子どもたちにこうしたメッセージを贈れる人でありたいと、読むたびに思います。

日本に帰ってくると、必ず食べたくなるのが日本そば、必ず読みたくなるのが**『いま、拠《よ》って立つべき〝日本の精神〟武士道』**です。公文の教室は地域密着型なので、海外の社員、指導者、生徒さんのほとんどが地元の方です。出張時には様々な文化、習慣、気質に接します。それらを尊重し学ぶ一方で、日本的な考え方の良さをたびたび意識します。小さなことでは、時間や決まりごとをきちんと守る、といったことです。帰国のたびに本書をめくり、義・勇・仁・礼など、日本人の美徳を再確認しています。

ビジネス書でなくても経営のヒントが満載

次は、野村克也《のむらかつや》さんの著書**『ノムさんの目くばりのすすめ――捕手型人間で成功する方法』**です。初読は30年前で、経営に携わってから何度となく読み返しています。ヒットを打つために投手のくせを徹底研究するなど、野村さんの仕事に対する飽くなき探究心に学ぶことが多く、「野村再生工場」と言われた人材育成術も参考になります。例えば、コントロールの悪い投手に、「四球をいくつ出してもかまわない。思い切って投げればいい。君のスピードなら、真ん中に入ってきても、そうそう打たれない」と、弱点をあえて矯正しません。一方で、野手にはその投手の特徴を事前に説明して心の準備をしてもらう。ともすると投手もチームもつまずくところが、そうはならない。絶妙につぼを押さえているのです。名選手たちの実名入りのエピソードを楽しみつつ、ビジネス書として愛読しています。

『失敗の本質――日本軍の組織論的研究』を読んだのは、やはり30年ほど前で、当時の役付きの社員に会社から配られた本です。ちょうど海外展開を進めた時期でした。本書に書かれていたような様々な失敗を読み返して、失敗の要因が意外なところにあること、またいくつかの要因が重なっていることを知り、自社の組織運営の在り方を顧みています。

最後は、**『知性を磨く――「スーパージェネラリスト」の時代』**です。実は、本書は一度さっと通読した読み方にとどまっています。「『知能』とは、『答えの有る問い』に対して、早く正しい答えを見出《みいだ》す能力」。「『知性』とは、『答えの無い問い』に対して、その問いを、問い続ける能力」。この書き出しを読んでなるほどと思い、知性を磨くとはどういうことか、現業の中で答えを探し、結論が出てから、再度熟読をしようと思っています。「答えが見付かっていない課題を解決するための会議ができているか。想定した答えにたどり着くための会議をしてはいないか」などと。その一方で、「公文式は知性を磨く」ということを確信しています。自発的に勉強する力、新しいことに挑戦する力、諦めない力を育む学習法だからです。こうしたことこそ、「答えの無い問い」を問い続ける能力ではないかと思っています。

私の選書基準は「面白そう」という興味からで、仕事のために買うことはめったにありません。ただ、初読から何年も経て「あの本の内容はこういうことだったのか」と現況に鑑みてハッとし、経験を重ねてそれに気付けたことに励まされ、再読して教訓を得ることがよくあります。そうした本を中心に紹介しました。

『十六の話』
(中央公論新社)
司馬遼太郎・著

「文学から見た日本歴史」「華厳をめぐる話」「幕末における近代思想」など16のテーマを収載。付録は著者と井筒俊彦氏の対談「二十世紀末の闇と光」。

『いま、拠って立つべき
"日本の精神"武士道』
(PHP研究所)
新渡戸稲造・著　岬龍一郎・訳

西洋化の中で日本人とは何かを問い、日本人の倫理観や道徳観を英文で著した新渡戸稲造。1899年の発刊当時、世界的に注目された『武士道』の現代語訳。

『ノムさんの目くばりのすすめ
――捕手型人間で成功する方法』
(プレジデント社)
野村克也・著
〈品切れ〉

元プロ野球選手・監督の著者が、リーダー論、情報分析術、人材活用術などについて語る。稲尾和久、江夏豊など往年の名選手とのエピソードも満載。

『失敗の本質
――日本軍の組織論的研究』
(中央公論新社)
戸部良一、寺本義也、
鎌田伸一ほか・著

ノモンハン事件、ミッドウェー海戦、ガダルカナル作戦、インパール作戦、レイテ沖海戦、沖縄戦における日本軍の組織特性を分析、失敗の本質を指摘する。

『知性を磨く
――「スーパージェネラリスト」
の時代』
(光文社)
田坂広志・著

なぜ、高学歴の人物が、深い知性を感じさせないのか?「4つの知性」とは?目の前の現実を変革する「知の力」＝「知性」を磨くための田坂流知性論。

つのだ・あきお　1949年群馬県生まれ。大手印刷会社勤務を経て、79年東京公文数学研究会（現・公文教育研究会）入社。横浜事務局、社長室、チャイルド事業部長、事業開発室長を経て98年に書写教室を展開する公文エルアイエル代表取締役社長。2005年6月代表取締役社長（新聞掲載当時）。15年6月取締役相談役。16年6月から相談役。

(2014年9月29日掲載　構成・髙橋和子　撮影・合田和弘)

KAZUHIRO HASHIMOTO

日本スターウッド・ホテル
代表取締役

橋本和宏

好きな作家を「追っかけ読み」

リスクを恐れず前へ　求職中に自信が持てた

スターウッドに入社する以前は、ゼネコンに勤めていました。海外のホテルやリゾートコンプレックスの運営も手掛ける会社で、退職までの約10年間は海外勤務でした。この間にバブルがはじけ、本社は民事再生法を申請。当時私はアメリカにある開発事業社に出向していましたが、そこは身売りされることになりました。残務処理のため現地に留《とど》まり、本社に呼び戻されるのを待つべきか否か。悩んだ末、現地法人が別会社の傘下となるのを見届けて退社しました。41歳の時です。

長年日本を離れていたため再就職のつてはなく、不況下での求職活動。その頃に目に留まったのが、**『チーズはどこへ消えた?』**です。物語に登場するのは、迷路の中でチーズを求める2匹のネズミと2人の小人。運良く見つけたチーズの山に安住せず、チーズが消えることを予期して準備していた者は、その時が来てもうろたえず、迷路の先に歩を進め、新しいチーズを見付けることができる。最初に出合ったチーズにすがっている者は、みるみる怠惰になり、先に進む気力を失い、新しいチーズにありつけずに痩せていく。リスクを取ることを肯定したシンプルで象徴的なメッセージに力付けられました。本書の教訓は、今も肝に銘じています。

普段好んで読むのは、エンターテインメント色の強い小説です。特に浅《あさ》田《だ》次《じ》郎《ろう》さんの作品は、『週刊テーミス』という雑誌に連載していた20年以上前から追っかけています。当時はそれほど有名ではありませんでしたが、何と斬新でユーモラスな視点の持ち主だろうと驚き、「この人はきっと売れる!」と思っていました。初期の傑作を一つ挙げるなら、**『日輪の遺産』**。終戦前後とバブル崩壊後の時代を行き来しながら、軍人や女学生たちの数奇な運命をつづります。マッカーサー一族の財宝を日本軍が隠していたという奇想天外なストーリーや、先の見えない展開にぐいぐい引き込まれました。

感銘を受けた作品はいつか我が子の手に

ここ数年は、梁《ヤン》石《ソ》日《ギル》さんの小説をよく読んでいます。**『タクシー狂躁曲』**(筑摩書房)、**『血と骨』**(幻冬舎)、『**睡魔**』(幻冬舎)など数ある作品の中で心に残ったのは、『**夜を賭けて**』です。50年代の大阪陸軍造兵廠《しょう》跡地を舞台に、在日コリアンの鉄くず窃盗団、〝通称アパッチ族〟の生きざまを描きます。差別や貧困など、登場人物たちが直面する現実は、暗く過酷です。しかし、彼らの姿から感じられたのは、悲観ではなく、沸き立つようなエネルギーでした。日本社会をマイノリティーの視点から生々しく捉えた本作は、若いうちに読むといろんなことを考えるきっかけになると思います。とはいえ、本は強制されて読むものではありません。私にも10代の子どもがいますが、いつか自ら手に取ってくれることを期待して、本棚に並べてあります。

追っかけている作家をもう一人。村上龍《むらかみりゅう》さんです。『**69 sixty nine**』は、著者自身の高校生活をつづった小説です。好きな女の子にモテたい一心で演劇も映画も音楽も詰め込んだ「フェスティバル」を企画し、ノリで学校のバリケード封鎖を決行して自宅謹慎処分を食らう主人公ケン。それでも懲りずに仲間と学生生活を謳歌《おうか》する姿が痛快でした。私はノンポリ世代なので、学生運動や「バリ封」の経験はありませんが、長崎の佐世保で繰り広げられる村上さんの青春風景は、福岡生まれの自分の記憶と重なります。背伸びして小難しい文学や前衛芸術に傾倒するさまなど、懐かしくほほ笑ましく読みました。

最後は、字幕翻訳家の戸田奈津子《とだなつこ》さんの著書、『**スターと私の映会話!**』です。田舎育ちのせいかもしれませんが、若い頃から外国への憧れが強かった私は、熱心に英語を勉強し、大学はポルトガル語学科に入りました。外国語を学ぶ上で最もためになったのは、映画鑑賞です。「as soon as possible」は「ＡＳＡＰ」で通じるのか……などと、学校教育では習わなかった言い回しを映画の字幕から学びました。本書にはそうした生きた英語がたくさん紹介されています。全て覚えられたら相当英語力が付くのではないでしょうか。トム・クルーズ、ブラッド・ピット、レオナルド・ディカプリオなど、ハリウッドスターの来日エピソードも満載で、読み物として楽しめる一冊です。

私の主な読書タイムは、片道1時間半の通勤電車内。読書は最高の息抜き。娯楽の中に真実や歴史が織り交ぜられ、ささやかな発見が楽しめる作品が好みです。

HASHIMOTO'S RECOMENDED BOOKS

『チーズはどこへ消えた?』
(扶桑社)
スペンサー・ジョンソン・著
門田美鈴・訳

IBM、米アップル社、メルセデス・ベンツなど、トップ企業が次々と社員教育に採用。単純なストーリーに託して状況の変化にいかに対応すべきかを説く。

『日輪の遺産』
(講談社)
浅田次郎・著

帝国陸軍がマッカーサーから奪い、終戦直前に隠したという時価200兆円の財宝。老人が残した手帳に隠された驚くべき真実が、50年後に明かされる。

『夜を賭けて』
(幻冬舎)
梁石日・著

鉄くず泥棒のアパッチ族と警官隊のし烈な攻防の末に金義夫は長崎の大村収容所に収監される。朝鮮と日本の現代史の闇を活写したピカレスク・ロマン。

『69 sixty nine』
(集英社)
村上龍・著

1969年、東京大学は入試を中止し、街にはビートルズが流れ、ヒッピーは愛と平和を叫んでいた。佐世保に住む高校3年生ケンの青春物語が今始まる。

『スターと私の映会話!』
(集英社)
戸田奈津子・著

字幕翻訳の第一人者が、ハリウッドスターの取っておきエピソードや、映画のセリフをもとにした英会話のヒントを紹介。話題の映画80本以上を収録。

はしもと・かずひろ　1961年福岡県生まれ。86年上智大卒。同年青木建設入社。海外でホテルのプロパティマネジメントなどに従事。2003年日本スターウッド・ホテル入社。04～07年統括経理部長。08年日本・韓国・グアム地区統括開発部長。11年から代表取締役。

(2013年10月23日掲載　構成・高橋和子　撮影・星野章)

LEADERS AS READER

YOSHIHIKO HATANAKA

アステラス製薬
代表取締役社長兼CEO

畑中好彦

世界が相手だからこそ知っておきたい自国のこと

ビジネスに「思い込み」は禁物

世界を相手にしているからこそ、日本の文化や歴史など、自分が拠《よ》って立つところについて考えを深めたい。本は多くの示唆を与えてくれます。学生時代は、夏目漱石《なつめそうせき》の小説など、教科書に載った作品を名作全集から拾い読みするのが、試験明けの習慣でした。目に付いたタイトルを濫読《らんどく》するスタイルは今でも変わりません。

今は、散歩が趣味で、コースの最後は決まって書店に立ち寄り、新刊本を中心に面白そうな本を探します。**『錯覚の科学』**もその一冊で、本書は、日常生活で陥りやすい六つの錯覚を、心理学的見地から解明しています。「注意の錯覚」の章では、「人がいかに予測しないものに気付きにくいか」を、ハーバード大学の実験結果が示しています。文藝春秋の同書特設サイトに実験動画がアップされているので、自分の注意力をテストしてみるのも一興です。「真実」と「あるべきこと」を勝手に混同し、誤って記憶する「記憶の錯覚」、能力の過信からくる「自信の錯覚」、容易に手に入る情報へ注意を向け、楽観的な前提を積み上げる「知識の錯覚」など、どれも自分の能力や可能性を過大評価させるもので、ビジネスの場面で十分に起こり得ることです。「想定外」と言い訳しないための心得として、特に判断を下す立場の人の参考になると思います。

次は、昭和天皇の侍従長を務めた入江相政《いりえすけまさ》氏の随筆集**『侍従とパイプ』**です。昭和天皇の意外な素顔や、玉音放送収録時の緊迫したエピソードなども載っていますが、何より強く心を打たれたのは、文章の端々に感じられる入江氏の教養の高さと「粋」、そして、ユーモアのセンスです。例えば、「誠意とか親愛感とかいうものが、満ちあふれていさえすれば、敬語法などというような瑣末《さまつ》な手続きは、どうでもいい」との弁。日本語の乱れを指摘する人が大勢いる中、巧みな敬語の使い手であろう入江氏がそうした考えの持ち主であることが新鮮でしたし、心の在り方に深く共感しました。初版刊行は1979年の本ですが、エッセー本の中では最も好きな一冊です。

毎年、お盆休みに欠かさない大切な読書

私は戦後生まれですが、日本の歴史を顧みるため、夏のお盆休みには必ず戦争に関する本を読み込むようにしています。昨年（2010年）は、**『それでも、日本人は「戦争」を選んだ』**を読み、歴史認識を新たにしました。東京大学文学部教授である著者が、中高生を相手に、日清戦争、日露戦争、第1次世界大戦、満州事変と日中戦争、太平洋戦争について講義した内容をまとめたものです。史料や最新の研究結果を基に、「もし自分が同じ状況下に置かれたら」と考えながら、戦争までのプロセスを追体験できるように構成されています。「軍部暴走論」「戦争やむなし論」など、左右さまざまな戦争関連本がありますが、主観を排した本書を読み、画一的な戦争論しか語られてこなかったのではないかと考えさせられました。学生たちの鋭い視点にも驚きました。若者を始め、私たちの世代にも学びがあると思います。戦前・戦中派の方が、どんな感想を持たれるのか聞いてみたい気もします。

『日本中枢の崩壊』は、経済産業省の現役官僚の著書で、東日本大震災後の政府や省庁の対応の甘さ、日本の官僚機構の問題点など、知られざる内幕を明かしつつ痛烈に批判しています。興味深い主張である一方で、政府なり省庁の上層部からの反論も聞きたいところです。今のところ目立った反論はなく、そのことが一番気掛かりで、日本復興の青写真が見えにくい原因ではないかと思います。本書の内容を丸呑《の》みにするばかりでなく、国民一人ひとりが自分の答えを探すことが重要だという読後感を持ちました。震災後の日本について、考えるきっかけをくれる本です。

海外駐在で目覚めた「日本」に対する興味

最後は、司馬遼太郎《しばりょうたろう》さんの**『この国のかたち』**です。私は、1990年代初めにアメリカ駐在を経験しました。さまざまな人種が働く職場で、考え方や価値観の違いを感じるたび、自分が日本人であることを意識させられました。世界はボーダーレス化が進み、情報も瞬時に共有できます。ビジネスにおいてグローバルな視点は欠かせません。それでも、自国で育まれたものから逃れることはできないのだと。ちょうど出張で帰国した際に出会ったのがこの本で、「ヒトは、無人の曠野《あらの》にうまれず、その民族やその国家、社会、さらにはその文化のなかにうまれてくる。さらにいえば、その歴史のなかにうまれてくる」という一文など、まさに当時の気分にシンクロする内容でした。

図らずも、「日本」を見詰める本が重なりましたが、現業の裏返しと言えるかもしれません。アステラス製薬の売上高の半分は海外、社員と株主の半数は外国人です。立場上、宇宙船から地球を俯瞰《ふかん》するような意識で日々仕事をしているわけですが、心のどこかで「企業活動における日本の価値」を追い続けているのかなと思います。また、震災があって、改めて日本を見詰め直している気もします。

『錯覚の科学』
（文藝春秋）
クリストファー・チャブリス&
ダニエル・シモンズ・著
木村博江・訳

ハーバードで学んだ2人の学者が、日常で陥りやすい六つの錯覚（注意、記憶、自信、知識、原因、可能性）について、心理学的な実験やえひめ丸の沈没、リーマンショックなど実際に起こった事件を例に検証。人間の脳の限界を解き明かす。

『侍従とパイプ』
（中央公論新社）
入江相政・著
〈品切れ〉

昭和天皇の侍従長を務めた著者が、昭和天皇の素顔、終戦前夜の宮内省と軍部の緊迫したやり取り、戦後の困窮生活、パイプの趣味など多彩な内容をまとめた随筆集。湯浅倉平、鈴木貫太郎、斎藤茂吉ら著名人の知られざる逸話もつづられる。

『それでも、日本人は「戦争」を選んだ』
（新潮社）
加藤陽子・著

中高生を対象に5日間にわたって行われた講義を収録。日清戦争から太平洋戦争までを振り返り、「普通の良き日本人が、世界最高の頭脳たちが、『もう戦争しかない』と思ったのはなぜか?」を豊富な資料をもとに客観的な視点で問う。

『日本中枢の崩壊』
（講談社）
古賀茂明・著

経済産業省の現役官僚が、福島原発の処理問題。官僚体質や天下りの実態。公務員制度改革の大逆流、政治主導が実現しない理由などを鋭くえぐる。終章では、「起死回生の策」を提言。私案をまとめた論文「東京電力の処理策」も掲載。

『この国のかたち』全6巻
（文藝春秋）
司馬遼太郎・著

「私は、日本は〈中略〉キリスト教やイスラム教、あるいは儒教の国々よりは、言葉を多くして説明の要る邦だとおもっている」という司馬氏の歴史語り。昭和の戦争時代の異質性など独自の日本人論を展開。思想史としても楽しめる。

はたなか・よしひこ　1957年静岡県生まれ。80年一橋大学経済学部卒業。同年藤沢薬品工業入社。2005年アステラス製薬経営戦略本部経営企画部長。06年執行役員アステラスUS LLC President&CEO（最高経営責任者）兼アステラス ファーマUS, Inc. President&CEO。08年上席執行役員アステラスUS LLC President&CEO兼アステラス ファーマUS, Inc. President&CEO。09年上席執行役員経営戦略・財務担当。11年6月から代表取締役社長CEO。

（2011年9月22日掲載　構成・高橋和子　撮影・星野章）

YASUYUKI HIGUCHI

日本マイクロソフト
執行役員会長
樋口泰行

過去を捨て、変化を恐れぬ挑戦を触発してくれた本

幸せは今を頑張るプロセスにある

昔から仕事に100%没頭しないと時間の無駄のように思う性格で、気分転換や趣味の読書は苦手でした。それでも、友人に贈られた本に感銘を受けたり、書店でふと題名がその時の自分の心情を突くような本に出会ったりすることがあります。

私にとって、読書とは必要な知識の吸収です。例えば松下電器産業（現パナソニック）で技術者をしていた頃は回路設計の解説書、ハーバード大学の経営大学院で学んでいた時代は経営学のテキストに没頭し、歴史物などに親しむ時間は持てませんでした。ところがそんな私にも、仕事とは少し離れた関心から手にした本があります。それが最初に紹介する**『HAPPIER——幸福も成功も手にするシークレット・メソッド ハーバード大学人気No.1講義』**という本で、これは社員とともに再建に取り組んだダイエーの社長を退任した頃に出会った本です。

頑張ればそれだけ結果が出ると信じ、仕事一辺倒でやってきた私でしたが、ダイエーでは結果が出ないことも体験しました。それでも諦めず、必死で目標に到達してみても、なぜか充足感がない時が人にはあります。周囲の反対を押し切っても「それで社員が幸せになる」という信念で行動するのがリーダーですが、同時に「そもそも人の幸せとは何か」ということも考えるようになりました。

本書では幸せの追求の方法として「現在の利益」と「未来の利益」という概念を使っています。一方は将来の幸せをつかむために、今はいろいろ我慢しても頑張るというもの。もう一方は目の前の喜びを求めるというものです。私の生き方は前者のタイプでしたが、大事なのはバランスだとこの本の著者は説いています。未来に向けて頑張る今のプロセスに幸せがあることで人は人生に「喜び」を見いだし、未来の幸せに向かって懸命に行動することで人生に「意義」が生まれる。その二つが持続的な幸福感につながるという本書の考え方は、当時の自分の気持ちになじむものでした。

柳井《やない》正《ただし》氏に教えられた経営者が前に立つ大事さ

次に紹介するのは、ファーストリテイリング会長兼社長、柳井正さんの**『成功は一日で捨て去れ』**です。「店は客のためにあり。店員とともに栄え、店主とともに滅びる」など、妥協を知らない柳井さんの言葉は心に突き刺さり、経営者は仕事に対して最も純粋でなくてはいけないと思い知らされます。

私が特に感銘を受けたのは、ファーストリテイリング（ユニクロ）という会社では、トップが企業の将来を一番考えている姿が実務を通じ社員に響いているということです。大きなビジョンを社員に示し、独善に陥ることなく経営の柔軟性を保持し続けている姿に改めて敬服しました。

ビジョンを示さない日本の経営者が多い中で、特に情報システムについては、経営のあらゆる領域でその役割が高まっているにもかかわらず、トップダウンの戦略として推進されにくい分野です。

玉生弘昌《たまにゅうひろまさ》さんが書かれた**『なぜ日本企業の情報システムは遅れているのか――レガシーマイグレーションのすすめ』**は、ダウンサイジングやオープン化が進まない日本企業の情報システムの非効率性を指摘した本ですが、出版から7年ほどたった今（2010年）も状況はそう変わっていません。情報システムだけでなく、変化を求められながらもかつての成功体験から抜け出せない空気に包まれたまま、政治も企業経営の在り方もぎりぎりのところまで今日の日本は来ているのではないでしょうか。

次の人材が準備できていて企業は持続的な強さを持つ

最後に紹介するのは**『リーダーを育てる会社　つぶす会社』**という本です。この本はリーダーに求められる要件を係長から経営責任者までの6段階で細分化し、各レベルで自分の仕事を託せるのは誰か、1年後から3年後、3年後から5年後と後継者を計画的に準備するパイプラインという概念を紹介したものです。

一言でリーダーシップといっても、管理職に求められるスキルは立場で変わりますし、トップもまた会社の成長に合わせて仕事の内容を変えなければならないということです。社員がいくら多くても、後継者となる人材がいないとなれば、継続的に優位性を持つ企業を目指す上では望ましくありません。そのためには段階を踏みながら、キャリアにふさわしい多面性や価値観を育てていくことが大事です。

ただし、いまだに終身雇用の文化が残る日本企業の場合は、論理的な手法を導入してもその企業文化に染まった典型的な人材しか作れないかもしれないという危惧もあります。外部からも人材を入れて、社内をかき混ぜ、刺激するということも必要だと思います。

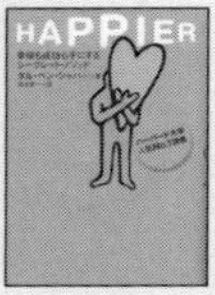

『HAPPIER――幸福も成功も手にするシークレット・メソッド ハーバード大学人気No.1講義』（幸福の科学出版）

タル・ベン・シャハー・著
坂本貢一・訳

ハーバード大学で肯定心理学（ポジティブ・サイコロジー）を教える著者による満ち足りた人生を送るための提案。従来の心理学が欠く「楽しさ」を加味しながら幸せの本質に科学的に迫る。

『成功は一日で捨て去れ』（新潮社）

柳井正・著

2005年9月、ファーストリテイリングの社長に3年ぶりに復帰し、大企業体質に陥りつつあった同社を再強化・再成長させた日々を柳井氏が振り返る。現実を直視し理想を追求する著者の、次世代の経営者たちに向けたメッセージ。

『ダイエーの蹉跌――企業参謀の告白』（日経BP社）

田畑俊明・著
〈品切れ〉

樋口社長が「自分がダイエーに来てみて、書かれていたことは全て事実だと思いました」と語る本。古い慣習を破れないまま、自主再建の道を閉ざされたダイエーの姿を現場の目で伝え、「何が企業の変革を妨害するのか」を赤裸々につづる。

『なぜ日本企業の情報システムは遅れているのか――レガシーマイグレーションのすすめ』（日本能率協会マネジメントセンター）

玉生弘昌・著 〈絶版〉

日本企業の基幹系システムの多くがレガシー（旧来）のまま温存され、企業の競争力を欠く非効率な運用がなされている実態を紹介するとともに、IT化に向けた日本的組織風土の刷新の必要性を提言する。

『リーダーを育てる会社つぶす会社』（英治出版）

ラム・チャランほか・著
グロービス・マネジメント・インスティテュート・訳

ハーバード大学経営大学院の元教授であった著者らが、ゼネラル・エレクトリックやシティコープで実践してきた「リーダーシップ・パイプライン・モデル」を軸に後継者育成のフレームワーク作りのメソッドを論ずる。

ひぐち・やすゆき　1957年兵庫県生まれ。80年大阪大学工学部卒業。同年松下電器産業（現パナソニック）入社。91年ハーバード大学経営大学院（MBA）卒業。92年ボストンコンサルティンググループ入社。94年アップルコンピュータ入社。97年コンパックコンピュータ入社。2002年日本ヒューレット・パッカードと合併、03年代表取締役社長。05年ダイエー代表取締役社長。07年3月日本法人マイクロソフト代表執行役兼COO（最高執行責任者）。08年4月代表執行役社長（新聞掲載当時）。15年7月から執行役員会長。

（2010年2月18日掲載　構成・松身茂　撮影・星野章）

LEADERS AS READER

BERND WEBER

シバントス
代表取締役社長

ベルント・ウェーバー

良書を通して自らをチェック

深い洞察から見えてくるマネジメントの神髄

16年前に「EUビジネスマン研修プログラム」に参加し、日本の大学や企業で日本語やビジネスを1年間学びました。電子書籍などない時代で、洋書を扱う書店も限られていました。今はネット通販や電子端末で海外の新刊本が気軽に入手できるので、読書生活は充実しています。最近読んだ中で面白かったのは、第1次世界大戦を検証する“The Sleepwalkers How Europe Went toWar in 1914”（未邦訳）です。今年（2014年）は第1次世界大戦開戦から百年目に当たり、ヨーロッパ各国で当時を振り返る動きが見られます。先頃、安倍晋三《あべしんぞう》首相が日中関係を第1次大戦前の英独関係に例えたことが欧米メディアに注目されましたが、その背景には、社会的な関心の高まりがありました。第1次大戦を知ることは、第2次大戦、ひいては現代の世界情勢を知ることだと私は認識しています。

以下は、全て邦訳本が出ています。**『ファスト&スロー――あなたの意思はどのように決まるか？』**は、行動経済学の第一人者、ダニエル・カーネマン氏の秀作です。人間は、容易に出せる答えを直感的に信じやすく、その「認知的錯覚」が判断ミスにつながる、との指摘は、社員の決断をサポートし、自らも多くを決断する立場として、とても参考になりました。私が重視する人材活用においては、人の資質や能力は短時間で判断できない、インセンティブ（金銭的報償）によって期待する成果は得られない、組織の第三者的視点は、個人の的確な意思決定の助けとなる、といった教訓を得ました。

次は、**『マネジャーの実像――「管理職」はなぜ仕事に追われているのか』**です。著者は、私が学んだマギル大学のヘンリー・ミンツバーグ教授で「MBA反対論」を展開し、ピーター・ドラッカー亡き後に影響力を増している経営学者の一人です。マネジメント本の多くは「勝つための三つのステップは……」「経営者に必要な五つの要素は……」といった見出しが躍りますが、実際はもっと複雑です。本書は、様々なタイプのマネジャーの密着記録と著者の深い洞察を通じて、マネジメントの成功要素を読み取ることができます。著者考案の「振り返りのためのチェックリスト」はコピーして手帳に貼っています。「あなたは、どこから情報を得ているか。どのように情報を得ているか。情報入手のためにもっと人脈を上手に使えないか」など、自分のマネジメントを冷静に分析できるところが気に入っています。

エクセレントな仕事は小さな心掛けから

『エクセレントな仕事人になれ！――「抜群力」を発揮する自分づくりのためのヒント163』は、ミンツバーグ教授の本とは対照的に仕事に卓越するためのヒントを極めて単純化しています。一般的過ぎる内容もありますが、「別部門の人間とランチに行こう」「男性は、経済市場は女性が支えていることに気付きなさい」など、すぐにできる小さな心掛けがエクセレントな仕事につながる、との見解は大いにうなずけるもので、日々の行動のチェックツールとしています。

次は**『国家はなぜ衰退するのか――権力・繁栄・貧困の起源』**です。なぜ富める国と貧しい国があるのか。なぜ産業革命がイギリスで起こったのか。なぜ日本はアジアの先陣を切って経済成長を遂げたのか……。長期的な経済発展の成否を左右する最も重要な要因は、地理、文化、人種などの差異ではなく、政治や経済の制度の違いであり、かつての南米の植民地支配や東欧の絶対王制のような収奪的な制度のもとでは、躍進は起こり得ない。こうした内容を興味深く読みました。現在注目されている新興国の市場が必ずしも成長を続けるとは限らないという気付きも与えてくれました。

最後は**『アナタはなぜチェックリストを使わないのか？――重大な局面で〝正しい決断〟をする方法』**です。著者は外科医で、パイロットや建設作業員など異業種のミス防止策を医療現場のチェックリストに反映し、ミスの減少に貢献している人物です。学のある人や技術的に優れた人ほど、目的のためにショートカットを試みます。しかし本当に大切なのは、医療現場で言えば「手洗い」などの基本的な手順を守ることなのだと説きます。ビジネスに応用できる示唆に富む内容でした。

『ファスト&スロー
――あなたの意思はどのように決まるか?』上・下巻
(早川書房)
ダニエル・カーネマン・著
村井章子・訳

心理学者にしてノーベル経済学賞を受賞した著者が、直感的な「速い思考」と論理的な「遅い思考」の比喩をもとに、意思決定の仕組みを解き明かす。

『マネジャーの実像
――「管理職」はなぜ仕事に追われているのか』
(日経BP社)
ヘンリー・ミンツバーグ・著
池村千秋・訳

社長、中間管理職、現場責任者など、様々なマネジャーの仕事現場に密着し、徹底した観察・分析を通してマネジャーのあるべき姿を描き出す。

『エクセレントな仕事人になれ!
――「抜群力」を発揮する自分づくりのためのヒント163』
(CCCメディアハウス)
トム・ピーターズ・著　杉浦茂樹・訳

世界67カ国、300万人ものリーダーや仕事現場の人々に接触した経営コンサルタントの44年に及ぶビジネス体験に基づいた仕事論、経営論の集大成。

『国家はなぜ衰退するのか
――権力・繁栄・貧困の起源』上・下巻
(早川書房)
ダロン・アセモグル、ジェイムズ・A・ロビンソン・著　鬼澤忍・訳

古代ローマから、マヤの都市国家、中世ベネチア、維新期の日本、ソ連、ラテンアメリカ、アフリカ諸国まで、古今の例から繁栄と衰退の理由を解説。

『アナタはなぜチェックリストを使わないのか?
――重大な局面で"正しい決断"をする方法』(晋遊舎)
アトゥール・ガワンデ・著
吉田竜・訳

世界保健機関における安全な手術のためのマニュアル作成を主導する著者が、単純な「チェックリスト」によるミスの減少を証明、成功のヒントをつづる。

べるんと・うぇーばー　1968年ドイツ生まれ。ドイツ、イギリス、スペインの大学で機械工学や自動車工学を学ぶ。95年〜2001年9月マンネスマン社勤務。01年10月シーメンスヘルスケア入社。04年カナダのマギル大学でMBA取得。08年シーメンス ヒヤリング インスツルメンツ代表取締役社長に就任（新聞掲載当時）。15年1月、Sivantos（シバントス）に社名変更。

(2014年3月17日掲載　構成・高橋和子　撮影・星野章)

第5章

こんな時読みたいブックリスト

リーダーの神髄について学ぶ本

トップリーダーたちに教わりたい必読の書は、何よりもまずリーダーとしての学びを得た本だ。日本プロサッカーリーグの村井満氏が薦めるのは『アルケミスト──夢を旅した少年』。この本は、ブラジルの作家によって書かれた小説で、一人の少年が、夢に現れた宝物を探しに旅に出る物語だ。この物語のように寓話《ぐうわ》性のあるストーリーテリングが、リーダーにも必要ではないかと村井氏は言う。また、読むたびに心に届くメッセージが変わり、様々な気付きを与えてくれるのが本書の魅力だと語る。

イラクのサダム・フセイン元大統領が優秀なリーダーから独裁者へと変貌していく姿を反面教師にしてリーダーの在り方を学んだのは、ユニー・ファミリーマートホールディングスの上田準二氏。自分とほど遠い存在の人生からも実感のある教訓を得られることを『裸の独裁者サダム──主治医回想録』によって知ることができたという。

また、セイコーホールディングス・服部真二氏は、登場人物に自分を重ねて考える。『たった一人の生還──「たか号」漂流二十七日間の闘い』は、ヨットレースで転覆事故に遭った佐野三治《さのさんじ》氏の記録。年長のベテランヨットマンがリーダーシップを発揮する姿から、極限状態に自分が置かれたとき、果たして自分は……と考えさせられた服部氏。リーダーに求められる強さと温かさ、自分に対する厳しさを心で感じられる一冊だ。

- [ ] ダニエル・ゴールマンほか著『EQリーダーシップ
——成功する人の「こころの知能指数」の活かし方』
（ユニー・ファミリーマートホールディングス・上田準二 →P020）

- [ ] アラ・バシールほか著
『裸の独裁者 サダム——主治医回想録』
（ユニー・ファミリーマートホールディングス・上田準二 →P020）

- [ ] 野中郁次郎編著『失敗の本質——戦場のリーダーシップ篇』
（いすゞ自動車・片山正則 →P025）

- [ ] パウロ・コエーリョ著『アルケミスト——夢を旅した少年』
（日本プロサッカーリーグ・村井満 →P100）

- [ ] 山田恵諦著
『和して同ぜず——「明るく、楽しく、たくましく」生きる31の知恵』
（日本医師会・横倉義武 →P105）

- [ ] 西岡常一ほか著
『木のいのち 木のこころ〈天・地・人〉』
（三菱UFJ信託銀行・若林辰雄 →P110）

- [ ] カーマイン・ガロ著
『スティーブ・ジョブズ 脅威のプレゼン——人々を惹きつける18の法則』
（ダイドードリンコ・高山富也 →P173）

- [ ] 佐野三治著『たった一人の生還——「たか号」漂流二十七日間の闘い』
（セイコーホールディングス・服部真二 →P193）

- [ ] 西水美恵子著『国をつくるという仕事』
（三井物産・飯島彰己 →P214）

- [ ] クレイトン・クリステンセン著『増補改訂版 イノベーションのジレンマ
——技術革新が巨大企業を滅ぼすとき』
（アウディ ジャパン・斎藤徹 →P229）

組織マネジメントの極意を知る本

必ずしも考え方が同じではない人々をまとめ、同じ方向に導く。当然、成果を上げていくことも求められている。そんな責任を担う立場になったとき、自分なりのマネジメント法を見いだすヒントが本には散りばめられている。

住友生命保険の佐藤義雄氏が薦めるのは『東洋の帝王学　貞観政要《じょうがんせいよう》』。唐の第2代皇帝・太宗《たいそう》と臣下たちとの政治問答集である本書に記されている格言は、役に立つものがたくさんあるという。中でも、佐藤さんの心に響いた格言は「君は舟なり、人は水なり」という言葉。自分なりの解釈を加えて組織運営に生かしているという。

リーダーとなる人材育成について書かれた『リーダーを育てる会社　つぶす会社』を推すのは、日本マイクロソフトの樋口泰行氏。継続的に優位性を持つ企業を目指すためには、リーダーの後継者となる人材を育てなければならない。そのためには、段階を踏みながら、キャリアにふさわしい多面性や価値観を育てていくことが大事だと樋口氏は言う。

スポーツ界のリーダーをお手本にしているのは、公文教育研究会の角田秋生氏。30年以上前に出会い、何度も読み返しているという本は、プロ野球球団の監督を歴任した野村克也《のむらかつや》氏の『ノムさんの目くばりのすすめ――捕手型人間で成功する方法』。伸び悩む選手や戦力外通告を受けた選手などを再生させる「野村再生工場」と呼ばれた人材育成術も参考にしているそうだ。

- ☐ 川瀬武志著『IE問題の解決』
（いすゞ自動車・片山正則 →P025）

- ☐ 呉兢著『東洋の帝王学 貞観政要』
（住友生命保険・佐藤義雄 →P055）

- ☐ ジム・コリンズ著『ビジョナリー・カンパニー――時代を超える生存の原則』
（三井住友海上火災保険・原典之 →P090）

- ☐ 安岡正篤著『百朝集』
（日本医師会・横倉義武 →P105）

- ☐ 三枝匡著『V字回復の経営――2年で会社を変えられますか』
（ジェイアイエヌ・田中仁 →P131）

- ☐ ジム・コリンズ著『ビジョナリー・カンパニー②――飛躍の法則』
（ダイドードリンコ・髙松富也 →P173）

- ☐ 小倉昌男著『小倉昌男 経営学』
（沢の鶴・西村隆治 →P183）

- ☐ K・ブランチャードほか著『新1分間マネジャー――部下を成長させる3つの秘訣』
（ポルシェ ジャパン・黒坂登志明 →P219）

- ☐ 岩本仁著『英国海兵隊に学ぶ 最強組織のつくり方』
（日本オラクル・杉原博茂 →P234）

- ☐ 野村克也著
『ノムさんの目くばりのすすめ――捕手型人間で成功する方法』
（公文教育研究会・角田秋生 →P239）

- ☐ ラム・チャランほか著『リーダーを育てる会社 つぶす会社』
（日本マイクロソフト・樋口泰行 →P254）

- ☐ ヘンリー・ミンツバーグ著
『マネジャーの実像――「管理職」はなぜ仕事に追われているのか』
（シバントス・ベルント・ウェーバー →P259）

歴史上の偉人からリーダーの在り方を学ぶ本

歴史に名を残した人物の生きざまには、現代人が学ぶべき在り方や言葉が散りばめられている。中でもリーダーシップを発揮した偉人や、心を打つ言葉を残した偉人に関する本を集めた。

三菱地所の杉山博孝氏が、その人間性に感銘を受けたのは、最後の海軍大将・井上成美《いのうえしげよし》だ。井上は、組織のやり方が間違っていると思えば、遠慮することなく意見を述べる人だった。それゆえに敵も多かったようだが、杉山氏は、こういう人がいない組織の末路は多くの歴史が物語っている、と言う。また、率直に物を言う人を認めることがリーダーには必要だと語る。井上の生涯を描いた『井上成美』からリーダーの姿勢を学びたい。

多くのリーダーたちの心を動かしてきた『三国志』。ＳＢＩホールディングスの北尾吉孝氏は、まだ若い頃、この本と出会い、寝る間も惜しんで読んだそうだ。リーダーとなった今、登場人物の中でも特に劉備玄徳《りゅうびげんとく》の資質に共感し、人を引き付ける人間力がいかに大切であるかを実感しているという。

そして、江戸時代屈指の名君を描いた『全一冊　小説　上杉鷹山《うえすぎようざん》』。シャボン玉石けんの森田隼人氏にとって理想のリーダーだという。上から指示するだけではなく、自らも土を耕すその姿勢に心を打たれた森田氏。若くして藩主となったことに、自身を重ね、強く共感したのだそうだ。

- [ ] 吉川英治著『三国志』
(SBIホールディングス・北尾吉孝 →P035)

- [ ] 阿川弘之著『井上成美』
(三菱地所・杉山博孝 →P060)

- [ ] 宮城谷昌光著『重耳』
(三菱地所・杉山博孝 →P060)

- [ ] 渋澤健著
『渋沢栄一 100の訓言――「日本資本主義の父」が教える黄金の知恵』
(三井住友海上火災保険・原典之 →P090)

- [ ] 塩野七生著『マキアヴェッリ語録』
(エステー・鈴木喬 →P168)

- [ ] 童門冬二著『全一冊 小説 上杉鷹山』
(シャボン玉石けん・森田隼人 →P203)

駆け出し時代に読んでおきたい本

社会人になって数年は必死だ。余裕もない。しかし、その時期の吸収力や感覚の鋭さは、自分が思うよりもはるかにすばらしいものであるはずだ。トップリーダーたちが若かりし頃に出会った本、そして若い人たちに読んでほしいという本を集めた。

中外製薬の永山治氏は、父親とワーキングパートナーだった白洲次郎《しらすじろう》氏より、幼い頃からたくさんのことを教わったという。強く印象に残っているのは、「面と向かって反論せずに仲間内でこそこそ不満を言ったり、組織の看板に頼って仕事をするようなことはするな」という言葉。そんな永山氏が薦めるのは『白洲次郎　占領を背負った男』。白洲氏の思想は永山氏の人生に大きな影響を与えてきた福沢諭吉《ふくざわゆきち》にも通じると感じているそうだ。

高校時代に読んだ本に影響を受けたのは、ブラザー工業の小池利和氏。戦国時代に油売りから身を起こし、美濃一国を手中に収めた斎藤道三《さいとうどうさん》と織田信長《おだのぶなが》を主人公とした『国盗り物語』は高校生の小池氏に強烈な印象を残す。道三の気概に「見習わねば」と触発されたという。

そして、ＮＨＫのドラマでも注目された『坂の上の雲』は、多くのリーダーたちが読んでいる。小糸製作所の大嶽昌宏氏は、40代半ばになって久々に夢中になった青春小説だったと語る。読んだ後、思わず若手社員たちに読んだことがあるかと聞いて回ったそうだ。

トップに立つ先達の「若いうちにぜひ」という本は、今すぐにでも読み始めたい。

☐ 森信三著『修身教授録――現代に蘇る人間学の要諦』
（SBIホールディングス・北尾吉孝 →P035）

☐ 北康利著『白洲次郎 占領を背負った男』
（中外製薬・永山治 →P075）

☐ 文藝春秋編『文藝春秋にみる「坂の上の雲」とその時代』
（阪急交通社・生井一郎 →P080）

☐ 井上清著『日本の歴史』
（住友理工・西村義明 →P085）

☐ 井筒俊彦著『読むと書く――井筒俊彦エッセイ集』
（インターネットイニシアティブ・鈴木幸一 →P121）

☐ 半藤一利著『昭和史』
（オリックス・宮内義彦 →P141）

☐ キケロー著『老年について』
（LIXILグループ・潮田洋一郎 →P148）

☐ 司馬遼太郎著『坂の上の雲』
（小糸製作所・大嶽昌宏 →P153）

☐ 司馬遼太郎著『国盗り物語』
（ブラザー工業・小池利和 →P224）

☐ 梁石日著『夜を賭けて』
（日本スターウッド・ホテル・橋本和宏 →P244）

仕事と向き合う姿勢を考える本

日々、忙しく働き続けていると、仕事との向き合い方が分からなくなったり、このままでいいのかと迷ったり、考えることを忘れていたりということがある。

テルモの中尾浩治氏が薦める『督促ＯＬ　修行日記』は、信販会社の督促を行う部署に配属された著者がストレスを乗り越えてトップクラスの成績を収めるようになるまでの軌跡をたどる。周囲の人を観察して吸収できることを探し、新しい工夫をしながら課題解決に当たる姿勢に、中尾氏は自身の会社にもそんな社員を増やしたいと感じたそうだ。

また、言わずと知れた『ドラッカー名著集１　経営者の条件』に森ビルの辻慎吾氏が出会ったのは、六本木の再開発事業に当たっていた頃。立場が違う人々の意見をまとめる仕事に際して、とても役立つ一冊だという。一見、経営者向けの本のように思えるが、仕事を持つ全ての人が自分のこととして捉えられる内容だと辻氏は語る。

アウディジャパンの斎藤徹氏は「西郷隆盛《さいごうたかもり》の座右の書」とも言われる『言志四録』を読んで、仕事への姿勢を表す「敬挑」という言葉をつくった。この言葉に込めたのは、ディーラーへの「敬意」と上位メーカーへの「挑戦」。色紙に書いて社長室に飾っているという。

ふとしたときに立ち止まって、自分と仕事の関係性を見つめることができる本。初心を忘れないための一冊としても、そばに置きたい。

- [ ] P・F・ドラッカー著『ドラッカー名著集1 経営者の条件』
  （森ビル・辻慎吾 →P065）
- [ ] 榎本まみ著『督促OL 修行日記』
  （テルモ・中尾浩治 →P070）
- [ ] 藤原正彦著『国家の品格』
  （エアウィーヴ・高岡本州 →P126）
- [ ] 山本博文著『武士道の名著――日本人の精神史』
  （小糸製作所・大嶽昌宏 →P153）
- [ ] 渋沢栄一著『渋沢栄一 徳育と実業――錬金に流されず』
  （西松屋チェーン・大村禎史 →P158）
- [ ] 片平秀貴著『世阿弥に学ぶ100年ブランドの本質』
  （コーセー・小林一俊 →P163）
- [ ] 佐藤一斎著『[現代語抄訳] 言志四録』
  （アウディ ジャパン・斎藤徹 →P229）
- [ ] 司馬遼太郎著『この国のかたち』
  （アステラス製薬・畑中好彦 →P249）
- [ ] アトゥール・ガワンデ著
  『アナタはなぜチェックリストを使わないのか?
  ――重大な局面で“正しい決断”をする方法』
  （シバントス・ベルント・ウェーバー →P259）

複眼的な視点を磨いてくれる本

意識せず、訓練もせず、多様な視点で物を考えられる人はなかなかいない。どうすれば別の角度からも見られるようになるのだろう。

アステラス製薬の畑中好彦氏は、意外な本でその視点を磨いている。その本とは『錯覚の科学』。本書では、日常生活で陥りやすい六つの錯覚を心理学的見地から解明している。自分の能力や可能性を過大評価させる「錯覚」はビジネスの場面で十分に起こり得ること、と畑中氏は自らを戒める。「想定外」と言い訳しないために、と本書を薦める。

小説から世代間のギャップについて新しい視点を見付けたのは東急不動産の金指潔氏。芥川賞を受賞した『苦役列車』を読んだ金指氏は、高度成長期の幕開け期に社会人になった自身の物差しで、成熟期に生きる世代の意識を理解しようとするのではなく、その変化を事実として受け止めようという思いに至ったのだという。

また、ビームスの設楽洋氏は、司《し》馬《ば》遼《りょう》太《た》郎《ろう》氏と外側から日本を見詰め続けてきたドナルド・キーン氏との対談『日本人と日本文化』を薦める。二人の意見の相違や見方の違いを経営に関連付けて読んだ設楽氏。自社の強みと弱みを考えるヒントになったそうだ。

本によって、思いもよらない新しい視点に気付けることがある。それは、これまで知り得なかった別の自分に出会えるチャンスとなるかもしれない。

☐ 西村賢太著『苦役列車』
(東急不動産ホールディングス・金指潔 →P030)

☐ ビジャイ・ゴビンダラジャンほか著
『リバース・イノベーション
——新興国の名もない企業が世界市場を支配するとき』
(ナブテスコ・小谷和朗 →P040)

☐ 司馬遼太郎、ドナルド・キーン著『日本人と日本文化』
(ビームス・設楽洋 →P116)

☐ 守屋洋著『中国古典　一日一言』
(西松屋チェーン・大村禎史 →P158)

☐ 井関利明ほか著
『思考——日本企業再生のためのビジネス認識論』
(コーセー・小林一俊 →P163)

☐ 山本七平著『「空気」の研究』
(トーヨーキッチンスタイル・渡辺孝雄 →P208)

☐ クリストファー・チャブリスほか著『錯覚の科学』
(アステラス製薬・畑中好彦 →P249)

心を奮い立たせてくれる本

足踏みして前に進むことを躊躇《ちゅうちょ》しているとき、恐れや不安で尻込みしてしまいそうなとき、もう一踏ん張りしなければというとき、背中を押してくれる本がある。リーダーは、パワーを与えてくれる本と出会っている。

中でも、本書で複数のリーダーが推す中村天風《なかむらてんぷう》氏の本は、そんな状況に陥ったら、まず読んでみたい。三井物産の飯島彰己氏のお薦めは『運命を拓《ひら》く――天風瞑想録』。心の持ちようが人生に大きく働き掛けると説いたこの本を読むと、飯島氏は「人間は清く明るく美しく、前向きでなくてはと思えてくる」と語る。

天風氏の別の本『成功の実現』を愛読しているのは、エステーの鈴木喬氏。天風氏の言葉に触れると、「小さなことは気にせず男度胸で大抵のことは大丈夫だと思えてきます」と言う。そして若者たちにも、この本を通じてその思いを共有したいと感じている。

そして、富士フイルムホールディングスの古森重隆氏が何度も読み返している本は『自分の時代――知的独立の生涯構想』。古森氏はこの本を読むと、自分を信頼する勇気が湧くのだそうだ。その勇気を持てた人だけが、その先に広がる新たな世界を見られるのかもしれない。

☐ ウエイン・W・ダイアー著『自分の時代――知的独立の生涯構想』
（富士フイルムホールディングス・古森重隆 →P045）

☐ 内村鑑三著『後世への最大遺物 デンマルク国の話』
（住友生命保険・佐藤義雄 →P055）

☐ 村上和雄著『生命《いのち》のバカ力《ちから》』
（三菱UFJ信託銀行・若林辰雄 →P110）

☐ 中村天風述『成功の実現』
（エステー・鈴木喬 →P168）

☐ J・キタ著『百人の父から息子へ 「8つの知恵」ノート』
（タニタ・谷田千里 →P178）

☐ 中村天風著『運命を拓く――天風瞑想録』
（三井物産・飯島彰己 →P214）

☐ 子母沢寛著『勝海舟』
（ポルシェ ジャパン・黒坂登志明 →P219）

☐ スペンサー・ジョンソン著『チーズはどこへ消えた？』
（日本スターウッド・ホテル・橋本和宏 →P244）

苦悩した時に支えてくれる本

リーダーにも、悩み苦しみ、もがいた時代があった。そして、リーダーになっても苦悩することがある。

日本オラクルの杉原博茂氏は、売れない営業マンだった若き頃、『項羽《こうう》と劉邦《りゅうほう》』に出会った。侠客《きょうかく》あがりの劉邦はエリートの項羽に何度負けても戦い続け、最終的には勝利する。その姿は仕事で負け通しだった杉原氏の心に沁《し》みた。

コンサルタント会社から父が経営するタニタに入社した谷田千里氏は、前職の感覚ではっきりと発言することで、社内で煙たがれることもあったという。そんな時に読んだ本が『「原因」と「結果」の法則』。この本に書かれていた言葉が、人間関係に悩む谷田氏に心の平穏を与えてくれたそうだ。

そして、名著として長く読み継がれているD・カーネギーの『道は開ける』は、現代のリーダーにも響いている。悩みの解消法を説いた本書に書かれている内容を、エアウィーヴの高岡本州氏は仕事に行き詰まった時に思い出している。

苦悩し、一人静かに考える時、寄り添ってくれる本に巡り会いたい。孤独との付き合い方を身に付けていくことも、リーダーへの道で出会う課題なのかもしれない。

- [ ] 執行草舟著『生くる』
（日本プロサッカーリーグ・村井満 →P100）

- [ ] D・カーネギー著『道は開ける』
（エアウィーヴ・高岡本州 →P126）

- [ ] ジェームズ・アレン著『「原因」と「結果」の法則』
（タニタ・谷田千里 →P178）

- [ ] 姜尚中著『悩む力』
（キッコーマン・茂木友三郎 →P198）

- [ ] 相田みつを著『一生感動 一生青春』
（ブラザー工業・小池利和 →P224）

- [ ] 司馬遼太郎著『項羽と劉邦』
（日本オラクル・杉原博茂 →P234）

生き方に示唆を与えてくれる本

人の数だけ生き方がある。何が正しいということはない。けれど、これでいいのかとふと考えることはないだろうか。とはいえ、日々目の前の仕事に追われていると、ゆっくり考えている余裕はない。そんな焦燥感に寄り添ってくれる本をリーダーは知っている。

ジェイアイエヌの田中仁氏がビジネスで大勝負をしたときに効いた本が『沢庵――不動智神妙録』。この本が教えてくれたのは、変化への不安にとらわれない心が大切だということだという。ビジネスに限らず人生にも同じことが言えるだろう。悪い時もあればいい時もある。しかし、分かっていても、なかなか達観できない。本書は、そこを乗り越える力をくれそうだ。

トーヨーキッチンスタイルの渡辺孝雄氏の読書体験も、よく似ている。社長就任当初、自身の考えが社内で理解されなかったとき、信念を曲げずに成功を信じることができたのは、『成功哲学』と出会ったことが大きかったと振り返る。

子どもの頃から仏教に親しみ、関連する本をたくさん読んできた沢の鶴の西村隆治氏は、今の自分に仏教からの影響を感じている。その西村さんが薦めるのは、鏑射寺《かぶらいじ》の中村公隆《なかむらこうりゅう》山主の『〈いのち〉の力――般若心経とともに』だ。現代の様々な現象と真言密教の真理を関連付けながら、いかにすがすがしい日々を過ごすか、ということが書かれているという。さらさら読めるものの、読み込むと別の視点でも楽しめるそうだ。

- [ ] 遠藤周作著『深い河(ディープ・リバー)』
(住友林業・市川晃 →P010)

- [ ] 野村万之丞著『いい加減 よい加減』
(森ビル・辻慎吾 →P065)

- [ ] エドワード・W・サイード著『晩年のスタイル』
(インターネットイニシアティブ・鈴木幸一 →P121)

- [ ] 沢庵宗彭著『沢庵——不動智神妙録』
(ジェイアイエヌ・田中仁 →P131)

- [ ] 高橋克彦著『火怨——北の燿星アテルイ』
(大地を守る会・藤田和芳 →P136)

- [ ] 中村公隆著『〈いのち〉の力——般若心経とともに』
(沢の鶴・西村隆治 →P183)

- [ ] 高杉良著『祖国へ、熱き心を——東京にオリンピックを呼んだ男』
(ユースキン製薬・野渡和義 →P188)

- [ ] 辛雄鎮著『努力の証』
(キッコーマン・茂木友三郎 →P198)

- [ ] ナポレオン・ヒル著『成功哲学』
(トーヨーキッチンスタイル・渡辺孝雄 →P208)

- [ ] 司馬遼太郎著『十六の話』
(公文教育研究会・角田秋生 →P239)

これからの日本を考えるための本

この国の未来を見据える目を持つことは、目の前の仕事について考えることにつながっている。現状を知り、理解し、課題を見いだす。そして解決法を考える。トップリーダーたちが、未来を考えない日はない。

オリックスの宮内義彦氏は、日本社会全体が「コンプライアンス」と称する妖怪におびえ、萎縮しているように感じるという。この閉塞《へいそく》した現状をどうしたら変えられるのか、そのヒントになる書として『Ｇｏｏｇｌｅ《グーグル》の脳みそ――変革者たちの思考回路』を紹介する。

日本人が漢文力を取り戻すことが大切だと語るのはユースキン製薬の野渡和義氏。『漢文力』では、ソクラテス、キリスト教、キティちゃんなど古今東西の人や事象と照らして漢文にある教訓が示されている。現代社会が抱える問題への考察としても読み応えのある内容だという。

また、法学が専門の青山学院大学の三木義一氏が薦めるのは『私たちはなぜ税金を納めるのか――租税の経済思想史』。欧米諸国の租税思想史を財政学の視点から描いた本だ。中でも、アメリカ税制を知るほどに、税金は「上から」言われるまま負担するもの、という日本人の消極的な意識の違いについて思いを巡らせたという。政治に対して受け身でいいのかということも、考えさせられる一冊となりそうだ。

☐ 杉山勝彦著『日本のものづくりはMRJでよみがえる!』
（ナブテスコ・小谷和朗 →P040）

☐ 遠藤功著『プレミアム戦略』
（阪急交通社・生井一郎 →P080）

☐ トマ・ピケティ著『21世紀の資本』
（住友理工・西村義明 →P085）

☐ 志賀櫻著『タックス・ヘイブン——逃げていく税金』
（青山学院大学・三木義一 →P095）

☐ 諸富徹著『私たちはなぜ税金を納めるのか——租税の経済思想史』
（青山学院大学・三木義一 →P095）

☐ 柳宗悦著『手仕事の日本』
（ビームス・設楽洋 →P116）

☐ 三宅伸吾著『Googleの脳みそ——変革者たちの思考回路』
（オリックス・宮内義彦 →P141）

☐ 加藤徹著『漢文力』
（ユースキン製薬・野渡和義 →P188）

☐ 稲垣公夫著『メイド・イン・ジャパンの復活』
（セイコーホールディングス・服部真二 →P193）

☐ 玉生弘昌著『なぜ日本企業の情報システムは遅れているのか——レガシーマイグレーションのすすめ』
（日本マイクロソフト・樋口泰行 →P254）

グローバルな視点を与えてくれる本

海外へとビジネスチャンスを広げるだけでなく、インバウンド需要への対策や、海外からの人材採用なども増えた。世界の動きを見る、異なる文化を知る。まずは頭の中だけでも国境を越えてみよう。視点や発想が広がるはずだ。

一冊目に選びたい必読書、『文明の衝突』はアメリカの政治学者サミュエル・ハンチントンの著書。執筆されたのは20年も前のことだ。しかし、東京建物の佐久間一氏は、今なお一読の価値があると太鼓判を押す。日本人として異なる文明圏との付き合い方を考えるヒントになるという。複数のリーダーが推す一冊だ。

ＬＩＸＩＬグループの潮田洋一郎氏が推薦するのは、朱子学者であり政治家の新井《あらい》白石《はくせき》の『西洋記聞』。鎖国下の日本に潜入したイタリア人宣教師シドッチを尋問した記録だが、ビジネスにおいて西洋と日本の文化の違いについて考えるとき、白石の所見を思い出すという。

また、７０５ページに及ぶ重厚感に驚かされる『仕事（ワーキング）！』はアメリカの１１５の職業、１３３人の人々が仕事や人間関係について赤裸々に語ったインタビュー集。刊行時にアメリカ駐在だったテルモの中尾浩治氏は、この本を通してアメリカの社会構造や仕事観を知った。40年以上前の記録ではあるが、アメリカという国を知る一助となるだけでなく、自らの仕事観についても考えるきっかけを与えてくれそうな一冊である。

- [ ] 佐藤百合著『経済大国インドネシア――21世紀の成長条件』
（東急不動産ホールディングス・金指潔 →P030）
- [ ] 松原久子著『日本の知恵 ヨーロッパの知恵』
（富士フイルムホールディングス・古森重隆 →P045）
- [ ] サミュエル・ハンチントン著『文明の衝突』
（東京建物・佐久間一 →P050）
- [ ] スタッズ・ターケル著『仕事（ワーキング）!』
（テルモ・中尾浩治 →P070）
- [ ] 吉村昭著『暁の旅人』
（中外製薬・永山治 →P075）
- [ ] 新井白石著『西洋紀聞』
（LIXILグループ・潮田洋一郎 →P148）

科学や地球環境について見識を深める本

エコ、サイエンス、サステナビリティー……。科学や環境の知識とそれを踏まえた視点は、業種を問わず、ビジネスにおいて必要不可欠な時代となって久しい。勉強しなければと意気込むよりも、まずは興味のあるテーマの本や自分の仕事と関係するものを手に取ってみるといい。

住友林業の市川晃氏が薦める『グリーン革命』は、オバマ大統領も参照したという書。本書では、地球温暖化、人口増加など人類が直面する問題を深く考察している。責任ある大人、企業として何をすべきか考え、行動するときだと市川氏は語る。

また、大地を守る会の藤田和芳氏が、事業を始めるきっかけとなったのは、小説『複合汚染』。様々な汚染物質の相乗作用が人体にどのような影響を及ぼすのかということは、実は学者ですら把握し切れていないことを知り、こうした事実を知り、何とかしなければという思いで有機農業の普及を目指している。

味の素の伊藤雅俊氏は、少し違った観点で科学の視点を生かしている。外見に大きな変化はなくても、内部では創造と破壊を繰り返すことで環境に順応し、サステナブルでいられるという『動的平衡』で知った生命の仕組みは、企業や社会の在り方にとっても教訓となるのではないかと語る。

- ☐ トーマス・フリードマン著『グリーン革命　増補改訂版』
  （住友林業・市川晃 →P010）

- ☐ 福岡伸一著『動的平衡』
  （味の素・伊藤雅俊 →P015）

- ☐ ドナ・ハートほか著『ヒトは食べられて進化した』
  （味の素・伊藤雅俊 →P015）

- ☐ 村山斉著
  『宇宙は何でできているのか――素粒子物理学で解く宇宙の謎』
  （東京建物・佐久間一 →P050）

- ☐ 有吉佐和子著『複合汚染』
  （大地を守る会・藤田和芳 →P136）

- ☐ レイチェル・カーソン著『沈黙の春』
  （シャボン玉石けん・森田隼人 →P203）

私《わたし》をリーダーに導《みちび》いた 250冊

2016年10月30日　第1刷発行

編者　朝日新聞出版
発行者　友澤和子

発行所　朝日新聞出版
〒104-8011
東京都中央区築地5-3-2
電話　03-5541-8814（編集）
　　　03-5540-7793（販売）
印刷所　大日本印刷株式会社

Published in Japan by Asahi Shimbun Publications Inc.
ISBN 978-4-02-331547-1
定価はカバーに表示してあります。